수학을 잘하게 되는 책

즐거운 수학 탐구 여행

왜 그럴까? 그것을 알고 싶다!

야노 켄타로오 지음
문 형 준 옮김

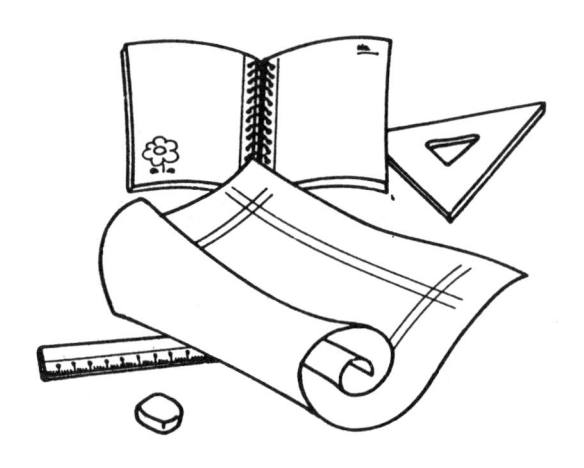

太乙出版社

옮긴이의 말

'수학'은 정말 딱딱하고 골치 아픈 학문인가?

많은 학생들(어른들까지도)이 '수학'에 대한 기피 현상을 빚고 있는 것 같다.

그러나 아인쉬타인의 상대성의 이론은 '수학'이라는 학문을 보다 재미있고 유니크한 이야기책 쯤으로 만들어 준다.

무슨 일이든 홍미를 갖고 전진하면 그 분야의 톱(top)이 될 수 있다. 우리는 경험으로, 자신이 잘하는 과목(점수가 높은 과목)은 홍미면에서도 진지하다는 사실을 알고 있다. 홍미를 가지면 자연히 그 분야에 대해서 뛰어난 성적을 올릴 수 있다. 또한 자신이 잘할 수 있는 분야는 당연히 홍미가 없을 수 없다.

이 책은 '수학'에 대해 골치 아픈 과목'이라거나 딱딱한 학문이어서 꼴보기도 싫다고 하는 독자층을 염두에 두고 만들어진 '수학의 홍미진진한 이야기 책'이다.

[질문]과 [답]을 통한 퍼즐식 진행기법을 도입, 누구나 수학에 대해 친근감을 갖고 접근하여 재미있는 수학의 내용 속으로 스스로 빠져들 수 있도록 엮어진 수학 공부 방법의 길잡이라고 할 수 있다.

아무쪼록 이 책으로 말미암아, 독자 여러분에게 있어서 '골치

아픈 수학'이 더없이 재미있고 스릴 있는 학문으로 새롭게 인식
되어질 수 있기를 빈다.

옮긴이 씀.

지은이의 말

이 책은 수학 공부에 흥미를 잃어버린 학생 및 일반인을 위해 정리한 재미있는 수학 질문의 해설서이다.

내용은 수학의 모든 방면에 걸쳐 있었지만, 우리들은 그것을 다음과 같이 분류해 보았다.

수의 불가사의
'계산' 어째서일까?
기하학의 이것을 알고 싶다
파라독스와 게임
진보한 문제

저자는 이런 물음에 대해서 가능한 한 예비지식을 필요로 하지 않는 해답을 시도해 보았다. 그렇지만 문제 중에는

"원주율 π의 값은 어떻게 구하는가?"

와 같이, 그 문제에 해답하기 위해서는 상당한 예비지식이 필요한 것도 있다. 이와 같은 문제에 대해서는 예비지식을 설명하기보다는 오히려 예비지식을 승인해 받고, 이야기의 줄거리를 알기 쉽게 얘기하는 것 같은 강의 방법을 취해 보았다.

또한, 문제 중에는,

"반지름이 r인 원의 면적이 πr^2인 이유를 설명해 주십시요."

"반지름이 r인 구의 체적이 $\frac{4}{3}\pi r^3$인 이유를 설명해 주십시요."

등과 같이, 대부분 직관적인 설명, 조금 수학을 사용하는 설명, 본격적으로 수학을 사용하는 설명 등, 다양한 설명 방법을 생각할 수 있는 것도 있다. 이와 같은 경우에는 저자가 알고 있는 한의 여러 가지 설명법을 소개해 두었다.

또한, 문제 중에는,

"임의로 주어진 각을 자와 콤파스를 이용해서 3등분하는 것은 어째서 불가능할까?"

"5차 이상의 방정식에는 근의 공식이 존재하지 않는다고 알고 있는데, 그것은 어째서인가?"

"마르코프 과정이란 무엇인가?"

등과 같이, 그 문제에 답하기 위해서는 상당 정도 이상의 수학을 필요로 하는 것도 있다. 이와 같은 경우에는 수학 그 자체의 내용을 설명하기 보다는, 오히려 이야기의 줄거리를 얘기한다고 하는 태도를 취했다.

또한, 문제 중에는,

"물리학에서 말하는 4차원의 세계란 어떤 세계인가?"

"상대론에서 사용되는 리만기하학이란 어떤 기하학인가?"

등과 같이, 이론 그 자체를 묻고 있는 것도 있다. 이와 같은 경우에는 저자의 힘이 미치는 한, 그것에 대한 이미지를 주려고 시도해 보았다.

그런데 저자는 일반인들에게 받은 질문의 문제 전부에 답할

수는 없다. 예를 들면,

"π는 무리수라고 하는데, 그것은 어떻게 증명하는가?"

"가우스는 어떻게 해서 자와 콤파스로 정17각형을 작도했는가?"

등의 문제에 대해서는, 이 작은 책자에 수록할 수 있을 것 같은 길이의 설명을 발견할 수가 없었기 때문이다. 이것에 대해서는 전문 서적을 참고로 해 주십사, 허락을 청하고 싶은 생각이다.

수학을 공부하고, 그것을 잘 이해하기 위한 가장 좋은 방법은 자꾸자꾸 의문(질문)을 갖는 것이다. 이 작은 책 한 권이 독자의 의문에 적확하게 답해서, 독자가 더욱 수학을 배우려고 하는 의욕을 가질 수 있기를 진심으로 바라는 마음이다.

이 책을 편집하는데 있어서 저자는 매우 많은 자료를 참고로 했다. 여기에 한 권 한 권 그 이름을 일일이 나열할 수는 없지만, 이런 자료(서적)의 저자에게 감사드리고 싶다.

더욱이 이 책이 완성될 때까지는 처음부터 끝까지 출판사 편집부 여러분들의 헌신적인 협력을 얻을 수 있었다. 이 자리를 빌어 저자의 진심에서 우러나오는 감사의 뜻을 표하고 싶은 생각이다.

♣차 례♣

제1장
수(數)의 불가사의

[질문] *0은 언제 어디에서 어떻게 발견되었는가?*

[답]

옛날 기수법은 수의 자리수를 정하는 원리를 가지고 있지 않다. 예를 들면, 이집트의 기수법에서는 1, 10, 100을 각각

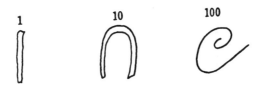

으로 표시해서, 예를 들면, 23을

이라고 쓰고 있었다.

또한, 바빌로니아의 기수법에서는 1, 10, 100을 각각 다음 페이지의 일러스트에 있는 것처럼 표시하고 있었다.

또한, 그리스의 기수법에서는 1, 5, 10을 각각,

1	5	10
I	*Γ*	*Δ*

로 표시해서, 예를 들면 27을,

ΔΔΓII

이라고 쓰고 있었다.

게다가 또, 로마의 기수법에서는, 1, 5, 10을 각각,

$$1 \quad 5 \quad 10$$
$$I \quad V \quad X$$

으로 표시해서, 예를 들면 27을

XXVII

라고 쓰고 있었다.

위와 같이 10진법은 꽤 오래 전부터 사용되고 있었지만, 그 속에서 수의 자리를 정하는 원리를 발견할 수는 없다. 따라서, 거기에 0을 표시하는 기호는 없었던 것이다.

단, 바빌로니아 사람들은 10진법 외에 60진법을 사용하고 있었는데, 그 60진법 중에서 수의 자리를 정하는 원리가 발견된다. 그들이 남긴 기록 중에 제곱표가 있는데,

$$1^2=1,\ 2^2=4,\ 3^2=9,\ 4^2=16,\ 5^2=25,\ 6^2=36,\ 7^2=49$$

로써, 그 다음을 그들은,

$$8^2=1,4,\quad 9^2=1,21,\quad 10^2=1,40,\quad 11^2=2,1$$

이라 쓰고 있는 것이다. 이것으로 미루어 보아, 여기에서의 1 은,

$$60 \times 1 = 60$$

을, 2는

바빌로니아의 기수법

$$60 \times 2 = 120$$

을 의미하고 있는 것이 틀림없다. 따라서, 여기에는 수의 자리를 정하는 원칙이 있다고 말하지 않을 수 없다.

이 바빌로니아인은 기원전 200년 무렵의 기록에서 숫자가 빠진 부분을 메꾸기 위한 제로의 기호를 사용하고 있지만, 계산에는 그것을 이용하고 있지 않았다.

0의 기호와 수의 자리를 정하는 원칙은 인도의 사람들에 의하여 발견되었다고 하는데, 기원전 2세기 무렵의 인도 기록에는 아직 0의 기호도, 수의 자리를 정한 원칙도 발견되지 않는다.

인도 기호에서 제로는 처음에는 점(·)으로 표시되고 있었다. 이것은 숫자의 공위(空位)를 대신한 것이었다.

우리들이 현재 사용하고 있는 것 같은 제로의 기록은 기원 876년 인도에서 쓰여진 기록에서 처음 발견되었다고 한다.

이렇게 해서 인도에서 고안된 제로의 기호와 수의 자리를 정하는 원칙은 아라비아인의 손에 의하여 유럽으로 수입되었기 때문에, 유럽에서는 이것을 아라비아인의 발명으로 생각하고 있다.

[질문] 제로는 짝수일까. 그렇지 않으면 홀수일까?

[답]

0은 짝수다. 보통,

······, −4, −2, 0, 2, 4, 6, 8, 10, 12,······

를 짝수,

······, −3, −1, 1, 3, 5, 7, 9,······

를 홀수라 부르고 있다.

[질문] 음의 수는 어떻게 해서 발견되었는가?

[답]

이집트, 바빌로니아, 그리고 그리스의 수학에도 음수의 생각은 없었다.

음수의 생각을 처음 가진 것은 인도의 사람들이었을 것이라고 한다. 현재 인도의 사람들은 재산을 양수로, 차금(借金)을 음수로 표시하고 있었다.

또한, 인도의 수학자 바스카라(1114~1185)는 다음과 같이 얘기하고 있다.

"양수의 제곱도, 음수의 제곱도 양수다. 따라서 양수의 제곱근은 두 개로써, 그 하나는 양수, 또 하나는 음수다."

이 바스카라는 또한 2차방정식은 두 개의 근을 가지고 있다는 사실을 잘 알고 있었던 사람이라고 생각된다. 2차방정식,

$$x^2 - 2x - 15 = 0$$

을 예로 들어서 그의 생각을 설명해 보자. 우선, 주어진 식에서,

$$x^2 - 2x = 15$$

양변에 1을 더해서,

$$x^2 - 2x + 1 = 16$$
$$(x-1)^2 = 16$$

그러나 16의 제곱근은 두 개로써, 하나는 +4, 또 하나는 −4 이므로,

$$x - 1 = 4 \text{ 또는 } x - 1 = -4$$

따라서,

$$x = 5 \text{ 또는 } x = -3$$

여기까지 와서 그는, 그러나 −3이라고 하는 답은 사람들이 승복하지 않을 것이므로 $x=5$만을 답으로 한다고 얘기하고 있다.

그런데 이 음수의 생각은 다른 수학과 함께 인도에서 유럽으로 수입되었다. 그러나 이 음수의 생각은 유럽에서는 좀체로 사람들 사이에 퍼지지 않았다.

이 음수의 생각이 완전히 당연한 것으로써 사람들에게 받아들여지게 된 것은 데카르트(1596~1650)가 아래 다음 그림과 같이 음수를 직선상에 눈금으로 새겨 보인 후부터였다.

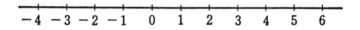

[질문] 유리수와 무리수 중 어느 쪽이 많을까?

[답]

이 질문에 답하기 위해서는 우선 가부번집합(可付番集合)이라고 하는 말을 설명하는 것이 좋으리라 생각한다.

무한 집합 중에서 우리들에게 가장 친숙한 것이라고 한다면, 그것은 아마도,

$$1, 2, 3, 4, 5, 6, \cdots\cdots$$

이라고 하는 자연수의 집합일 것이다.

그래서 우선 이 자연수의 집합과 1대 1의 대응관계에 있는

무한 집합을 생각해 본다.

자연수의 집합과 1대 1의 대응관계에 있는 무한 집합이라고 하는 것은, 사실 그 원소 전부에 제1번째, 제2번째, 제3번째, ……라고 번호를 붙일 수 있는 무한 집합이다.

따라서, 이와 같은 집합에 대해서는, 제1번째의 원소를 a_1, 제2번째의 원소를 a_2, 제3번째의 원소를 a_3,……이라고 쓰기로 한다면, 그 원소를,

$$a_1, a_2, a_3, \cdots\cdots, a_n, \cdots\cdots$$

이라고, 번호순으로 나열할 수 있다.

이런 의미에서, 자연수의 집합과 1대 1의 대응관계에 있는 집합, 즉, 그 모든 원소에 번호를 붙일 수 있는 집합을 가부번집합이라고 부르기로 한다.

그렇게 하면, 다음의 정리를 차례대로 증명할 수 있다.

정리 1. 어떤 무한 집합도 하나의 가부번집합을 포함한다.

왜냐하면, 우선 이 무한 집합에서 하나의 원소를 뽑아 내서 그것을 a_1이라고 한다. 그렇게 하면 원래의 집합은 무한 집합이기 때문에 여기에서 a_1을 뺀 나머지는 아직 무한히 많은 요소를 포함하고 있다. 따라서 이 나머지에서 또 하나의 요소를 뽑아 내서 그것을 a_2라고 한다. 그렇게 하면 원래의 집합은 무한 집합이기 때문에, a_1, a_2를 뺀 나머지는 아직 무한한 원소를 포함하고 있다. 그래서 그 나머지에서 또 하나의 원소를 뽑아 내서 그것을 a_3라고 한다.

22

처음의 집합은 무한 집합이기 때문에 이 조작은 끝없이 계속할 수가 있다. 따라서 최초의 무한집합에서,

$$a_1, \ a_2, \ a_3, \ a_4, \cdots\cdots$$

이라고 하는 집합을 뽑아낼 수 있게 되는데, 이것은 분명히 하나의 가부번 집합이다.

이런 의미에서, 가부번 집합은 무한 집합 중에서는 가장 작은 집합이라고 하는 것이 된다.

정리2. 하나의 가부번 집합에 유한개의 원소를 덧붙여서 얻은 집합 역시 가부번 집합이다.

왜냐하면, 지금 생각하고 있는 가부번 집합을,

$$a_1, \ a_2, \ a_3, \ a_4, \cdots\cdots, \ a_n, \cdots\cdots$$

이라 하고, 게다가 유한 개의 원소, 예를 들면,

$$b_1, \ b_2, \ b_3$$

를 덧붙여서 얻은 집합,

$$b_1, \ b_2, \ b_3, \ a_1, \ a_2, \ a_3, \ a_4, \cdots\cdots, \ a_n, \cdots\cdots$$

을 생각해 본다. 여기에는 다음과 같이 번호를 붙일 수 있다.

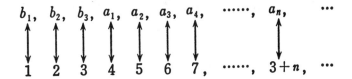

정리3. 두 개의 가부번 집합을 합쳐서 얻은 집합 역시 하나의 가부번 집합이다.

왜냐하면, 지금 두 개의 가부번 집합을,

$$a_1, \ a_2, \ a_3, \ a_4, \ a_5, \cdots\cdots$$

와,

$$b_1, \ b_2, \ b_3, \ b_4, \ b_5, \cdots\cdots$$

라고 하면, 이것을 합쳐서 얻은 집합의 원소에 다음의 화살표가 나타내는 순서로 번호를 붙여 갈 수 있기 때문이다. 만일 같은 것이 나오면 그것은 건너뛰고 번호를 붙여 간다.

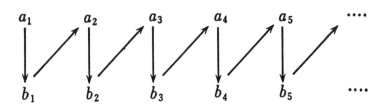

이 정리2와 3의 응용으로써 다음의 정리를 증명할 수 있다.

정리4. 양, 영, 음의 정슈의 집합은 가부번 집합이다.

왜냐하면, 우선 자연수의 집합,

$$1, 2, 3, 4, 5, 6, \cdots\cdots$$

은 물론 가부번 집합이다. 따라서 정리2에 의하여 여기에 0을 첨가한,

$$0, 1, 2, 3, 4, 5, 6, \cdots\cdots$$

도 가부번 집합이다. 한편, 음의 정수의 경우,

$$-1, -2, -3, -4, \cdots\cdots$$

도 가부번 집합이다. 따라서, 정리3에 의하여 이것들을 합친,

$$\cdots\cdots, -4, -3, -2, -1, 0, 1, 2, 3, 4, 5, 6, \cdots\cdots$$

도 가부번 집합이 되기 때문이다.

정리5. 가부번 집합이

$$M_1 = \{a_{11}, a_{12}, a_{13}, a_{14}, \cdots\cdots \quad\}$$
$$M_2 = \{a_{21}, a_{22}, a_{23}, a_{24}, \cdots\cdots \quad\}$$
$$M_3 = \{a_{31}, a_{32}, a_{33}, a_{34}, \cdots\cdots \quad\}$$
$$\cdots\cdots$$

와 같이, 역시 가부번 무한개인 경우, 이것들 전부를 합쳐서

얻은 집합 역시 가부번 집합이다.

왜냐하면, 이것들 전부를 합쳐서 얻은 집합의 원소에는 다음의 화살표를 따라서 번호를 붙여 갈 수 있기 때문이다.

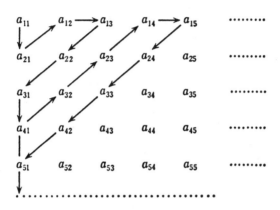

만일, 이미 번호를 붙인 것이 또 나오면 그것은 건너 뛰고 번호를 붙여간다.

정리6. 모든 유리수의 집합은 가부번 집합이다.

왜냐하면, 유리수의 집합이라고 하는 것은 1을 분모로 하는 분수의 경우,

$$\cdots\cdots, -\frac{3}{1}, -\frac{2}{1}, -\frac{1}{1}, \frac{0}{1}, \frac{1}{1}, \frac{2}{1}, \frac{3}{1}, \cdots\cdots$$

2를 분모로 하는 분수의 경우,

$$\cdots\cdots, -\frac{3}{2}, -\frac{2}{2}, -\frac{1}{2}, \frac{0}{2}, \frac{1}{2}, \frac{2}{2}, \frac{3}{2}, \cdots\cdots$$

이라고 하는 가부번 집합을 가부번 무한 개 합친 것이므로, 이 집합은 정리5에 의해서 가부번 집합이 된다.

그런데 유명한 칸트(1845~1918)는 다음의 정리를 증명했다.

정리7. 모든 실수의 집합은 가부번 집합이 아니다.

그럼, 이상을 염두에 두고, 질문 '유리수와 무리수 중 어느 쪽이 많을까?'로 되돌아갑시다.

유리수의 집합은 가부번 집합이다. 그러나 유리수와 무리수를 합친 실수의 집합은 가부번 집합이 아니다. 따라서 무리수의 집합도 가부번 집합이 아니다. 왜냐하면, 만일 그렇다면 유리수와 무리수를 합친, 즉 실수의 집합은 정리3에 의하여 가부번 집합이 되고, 이것은 정리7에 모순되기 때문이다.

그런데, 유리수의 집합이 가부번 집합이고, 무리수의 집합이 가부번 집합이 아니라면, 정리1의 증명 다음에 서술한 주의에 의하여 유리수 보다도 무리수 쪽이 많다고 하는 말이 된다.

[질문] 어째서 *10진법이 널리 이용되고 있는가?*

[답]

인류는 숫자의 계산을 배워 가는 과정에서 손과 발에 붙어

그리스의 숫자

있는 손가락(발가락)을 최대한으로 이용했으리라 생각된다.

손가락을 사용해서 수를 계산해 간다고 하면, 우선 한쪽 손가락이 끝났을 때에, 즉 5까지 다 헤아렸을 때에 거기에서 일단락이라고 생각하는 것은 당연하다.

예를 들면, 로마의 숫자,

I Ⅱ Ⅲ Ⅲ V Ⅵ Ⅶ Ⅶ Ⅷ X ······
1 2 3 4 5 6 7 8 9 10

은 확실히 그 흔적을 남기고 있다. 여기에 5를 나타내는 기호 V는 한손의 엄지 이외의 손가락을 전부 꼭 붙이고 편 모양에서 유래하고 있다. 또 10을 나타내는 기호 X는 5를 나타내는 기호

V와 그것을 거꾸로 한 Λ를 상하로 붙여서 X이라고 한 것이다고 하는 설도 있다. 그리스의 숫자에 대해서도 마찬가지다.

손가락을 사용해서 수를 헤아려 간다고 하면, 양손의 손가락이 끝났을 때에, 즉 10까지 헤아렸을 때에 그것으로 일단락이라고 생각하는 것도 당연하다.

더욱이, 손가락과 발가락을 사용해서 수를 헤아려 간다고 하면, 양손과 양발의 손가락(발가락)이 끝났을 때, 즉 20까지 다 헤아렸을 때 그것으로 일단락이라고 생각하는 것도 당연하다.

영어에, twenty 이외에 20을 의미하는 score라고 하는 단어가 있는데, 70을

three score and ten

(20이 세 개와 나머지 10)

이라고 말하거나 하는 것은 그 흔적일 것이다.

그런데, 손가락(발가락)을 사용해서 수를 헤아려 간다고 하면, 이상과 같이 5진법, 10진법, 20진법의 3종류를 생각할 수 있지만, 5로는 한데 합치기가 너무 작고, 20으로는 한데에 합치기가 너무 크기 때문에 차츰 10진법이 사용되게 된 것이라고 생각된다.

[질문] 우리나라의 숫자 계산법에서는 일, 십, 백, 천, 만, 십만, 백만, 천만, 억, 십억, 백억, 천억, 조, 십조, 백조, 천조……와 같이, 4자리수마다 새로운 단위의 이름을 도입해 가는데, 이 조부터 다음의 단위명을 가르쳐 주십시오.

[답]

일
만
억
조
경
해
서
양
구
한
정
재
극
항하사
아승기
나유타
불가사의
무량대수

이 중 항하사는 인도의 갠지즈강(항하)의 모래(사) 수만큼 큰 수라고 하는 의미이고, 그 위의 단위명은 모두 불교의 경전 속에 나오는 것이라고 한다.

[질문] 소수는 무한히 있는 것일까?

[답]

소수는 무한히 있다. 어째서 그런가 하면, 지금 소수가 유한개 밖에 없다고 하고, 그것들을

$$P_1, P_2, P_3, \cdots\cdots, P_n$$

으로 표시해서,

$$P_1 \cdot P_2 \cdot P_3 \cdot \cdots\cdots \cdot P_n + 1$$

이라고 하는 수를 생각해 보자. 이 수는 위의 어느 소수보다도 커지기 때문에 소수가 아니고 합성수다. 즉, 소수를 몇 개인가 곱한 수다. 그러나 이것은 $P_1, P_2, P_3, \cdots\cdots, P_n$의 어느 것으로도 나눌 수 없기 때문에 이것은 모순이다. 따라서 소수는 무한히 있다.

[질문] 소수를 구하는 일반적 방법이 있는가?

[답]

그리스의 수학자 에라토스테네스(기원전 275~194)가 생각한, 에라토스테네스의 체라고 불리는 방법이 있다.

우선, 1를 제외한 양의 정수 2, 3, 4, 5,……를 차례대로 나열하여 써 둔다.

처음의 2는 소수다. 그러나 그 뒤부터 나오는 2의 배수는 모두 합성수로 소수는 아니다. 그래서 처음의 2만을 남기고, 그 뒤의

2번째마다 나타나는 2의 배수를 전부 지워 버린다.

다음의 3은 소수다. 그러나 그 뒤부터 나오는 3의 배수는 모두 합성수로 소수는 아니다. 그래서 이 3만을 남기고 그 뒤의 3번째마다 나타나는 3의 배수를 전부 지워 버린다.

그 다음의 4는 이미 지워져 있고, 이것은 소수가 아니다. 그 다음의 5는 2의 배수도 3의 배수도 아닌 소수다. 그래서 이 5를 남기고 그 뒤에 5번째마다 나타나는 5의 배수를 전부 지워 버린다.

	2	3	4	5	6	7	8	9	10
11	12	13	14	15	16	17	18	19	20
21	22	23	24	25	26	27	28	29	30
31	32	33	34	35	36	37	38	39	40
41	42	43	44	45	46	47	48	49	50
51	52	53	54	55	56	57	58	59	60
61	62	63	64	65	66	67	68	69	70
71	72	73	74	75	76	77	78	79	80
81	82	83	84	85	86	87	88	89	90
91	92	93	94	95	96	97	98	99	100

이것을 계속해 가서, 어떤 소수 P에 이르면 P^2보다도 작은 자연수로 지워지지 않고 남아 있는 것은 모두 소수다.

어째서 그런가 하면, P^2보다도 작은 합성수는 P보다 작은 소수의 배수로써 모두 지워져 버렸기 때문이다.

이 방법으로 100까지의 소수를 구해보면, 그것들은 2, 3, 5, 7, 11, 13, 17, 19, 23, 29, 31, 37, 41, 43, 47, 53, 59, 61, 67, 71, 73, 79, 83, 89, 97의 25개다.

[질문] *1*은 어째서 소수에 포함되지 않는가?

[답]

지금, 예를 들어 600이라고 하는 양의 정수를 생각해 보면, 600은,

$$600 = 2^3 \cdot 3^1 \cdot 5^2$$

이라고 쓸 수 있다. 여기에서 2, 3, 5는 모두 소수인데, 주어진 양의 정수를 이 형태로 다시 쓰는 것을 600을 소인수분해한다고 한다. 이 경우 2, 3, 5라고 하는 수는 600이라고 하는 수에 의하여(순서를 무시하면) 임의로 정해지고, 그것들에 대응하는 3, 1, 2 라고 하는 수도 임의로 정해진다.

이것을 정리의 형태로 서술하면 다음과 같이 되는데, 이 정리는 초등 정수론의 기본정리라고 불리고 있다.

[소인수 분해] 1보다 큰 정수 a는 소수의 곱으로 분해할 수 있고, 더구나 그 분해의 결과는(순서를 무시하면) 단 한 종류다.

만일 1을 소수에 포함시키면 이야기가 이렇게 잘 진행되지 않는다.

[질문] 어째서 허수 i가 고안되었는가?

[답]

우선, 2차방정식

$$x^2 - 4x - 5 = 0$$

의 풀이를 시도해 보자. 이 양변에 9를 더하면,

$$x^2-4x+4=9$$
$$(x-2)^2=9$$

그러나 2승하면 9가 되는 수는 +3과 −3이므로,

$$x-2=\pm3,$$
$$x=5, \ -1$$

이 2차방정식에는 해가 2개 있었다. 다음에, 2차방정식

$$x^2-4x+1=0$$

의 풀이를 시도해 보자. 이 양변에 3을 더해서,

$$x^2-4x+4=3$$
$$(x-2)^2=3$$

그러나 2승해서 3이 되는 수는 $\pm\sqrt{3}$ 이므로,

$$x-2=\pm\sqrt{3}$$
$$x=2\pm\sqrt{3}$$

이 2차방정식에도 해가 2개 있었다. 마지막으로 2차방정식

$$x^2-4x+13=0$$

의 풀이를 시도해 보자. 양변에서 9를 빼면,

$$x^2-4x+4=-9$$
$$(x-2)^2=-9$$

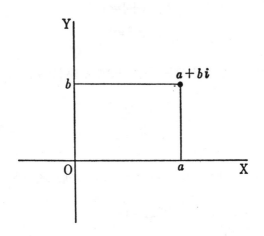

복소수는 평면상의 점으로 표시한다

  여기에서 x를 실수라고 생각하면, $x-2$도 실수. 따라서 그 2승은 양이나 0이다. 따라서 이 경우에는 실수의 범위에 멈춰 있는 한, 이 2차방정식에는 해가 없게 된다.

  그래서 어떤 2차방정식에도 해가 있도록 하기 위해서, 여기에서,

$$i^2 = -1$$

이 되는 것 같은 수 i를 생각한다. 이 i는 허수단위라고 불리고 있다. 그렇게 하면,

$$(3i)^2 = 3^2 \cdot i^2 = -9$$

라고 생각할 수 있기 때문에, $(x-2)^2 = -9$이므로,

$$x-2=\pm 3i$$
$$x=2\pm 3i$$

가 된다. 이와 같이 a, b를 실수라고 해서,

$$a+bi$$

라고 하는 형태의 수를 생각하기로 한다면, 2차방정식 뿐만 아니라, 일반적으로 3차방정식도 항상 해를 가진다는 사실이 알려져 있다. 이 a+bi 형태의 수를 복소수라고 부른다.

실수는 직선상의 점으로 표시되지만, 이 복소수는 평면상의 점 (a, b)로 표시된다.

직선상에 눈금으로 새길 수 있는 실수에 대해서는 대소를 생각할 수 있지만, 평면상의 점으로 표시되는 복소수에 대해서는 대소를 생각할 수 없다.

[질문] 복소수는 어떻게 도움이 되는가?

[답]

복소수라고 하는 것은 a, b를 실수, i를 $i^2=-1$이라고 하는 것 같은, 소위 허수단위라고 할 때,

$$a+bi$$

의 형태로 쓸 수 있는 수를 일컫는다. 복소수끼리의 가감승제는 다음과 같이 정의된다.

$$(a+bi)+(c+di)=(a+c)+(b+d)i$$
$$(a+bi)-(c+di)=(a-c)+(b-d)i$$
$$(a+bi) \cdot (c+di)=(ac-bd)+(ad+bc)i$$
$$\frac{a+bi}{c+di}=\frac{(a+bi)(c-di)}{(c+di)(c-di)}$$
$$=\frac{(ac+bd)+(bc-ad)i}{c^2-(di)^2}$$
$$=\frac{ac+bd}{c^2+d^2}+\frac{bc-ad}{c^2+d^2}i$$

요컨대, 복소수끼리의 가감승제는 $i^2=-1$이라고 하는 점을 정신차리면 보통의 가감승제와 마찬가지로 계산해도 되는 것이다.

다음에 e^x, $\sin x$, $\cos x$, $\log x$ 등, 실수의 범위에서는 그 의미를 잘 알고 있는 관수에 대해서도, 변수가 복소수

$$z=x+yi$$

인 경우에,

$$e^x, \sin z, \cos z, \log z$$

등이 의미를 갖도록 정의를 하고, 복소수 범위 내에서의 미분적 분학을 전개하는 것이 가능하다. 이것은 복소관수론이라 불리고 있다.

복소관수론은, 예를 들면 유체역학 등에 응용되어, 그 응용성이 다양하다는 것을 알고 있다.

[질문] $3^2+4^2=5^2$, $5^2+12^2=13^2$이 되는 것 같은 수는 (3, 4, 5), (5, 12, 13) 이외에도 있는가?

[답]

그것은 있다, (3, 4, 5)라고 하는 수의 조합이,

$$3^2+4^2=5^2$$

이라고 하는 관계를 만족하면, (3, 4, 5)의 전부를 2배해서 얻을 수 있는 (6, 8, 10)도,

$$6^2+8^2=10^2$$

을 만족하고, (3, 4, 5)의 전부를 3배 해서 얻을 수 있는 (9, 12, 15)도,

$$9^2+12^2=15^2$$

을 만족하기 때문이다.

또한,

$$5^2+12^2=13^2$$

에서 출발하여 얻을 수 있는

$$10^2+24^2=26^2$$
$$15^2+36^2=39^2$$

에 대해서도 마찬가지다. 그렇다면, 이것들을 제외하고,

$$a^2+b^2=c^2$$

을 만족하는 양의 정수의 조합 (a, b, c)가 그 밖에도 있을까. 그것은 있다. 그것을 나타내기 위해서는,

'홀수를 차례대로 1부터 n번째의 $2n-1$까지 더한 것은 제곱수 n^2이다.'

라고 하는 점을 이용한다. 예를 들면,

$$1+3+5+7=4^2$$

또한,

$$1+3+5+7+9=5^2$$

이다. 따라서, 전자를 후자에 대입하면,

$$4^2+9=5^2$$

즉,

$$4^2+3^2=5^2$$

이다. 또한,

$$1+3+5+\cdots\cdots+23=12^2$$

이고,

$$1+3+5+\cdots\cdots+23+25=13^2$$

이다. 따라서 전자를 후자에 대입하면,

$$12^2 + 25 = 13^2$$

즉,

$$12^2 + 5^2 = 13^2$$

지금까지 얻어진 것은 이미 알고 있던 것이지만, 이것을 좀더 계속해 본다.

우선,

$$1 + 3 + 5 + \cdots\cdots + 47 = 24^2$$

이고,

$$1 + 3 + 5 + \cdots\cdots + 47 + 49 = 25^2$$

이다. 따라서, 전자를 후자에 대입해서,

$$24^2 + 49 = 25^2$$

즉,

$$24^2 + 7^2 = 25^2$$

이다. 이 방법을 계속해서,

$$a^2 + b^2 = c^2$$

을 만족하는 양의 정수의 조합 (a, b, c)를 얼마든지 찾아낼 수 있다. 이와 같은 수의 조합은 피타고라스의 수라고 불리고 있다.

[질문] *3각수, 4각수란 어떤 수인가?*

[답]

3각수도 4각수도 피타고라스의 정리로 유명한 피타고라스가 생각한 다음과 같은 수다.

(1) 3각수

수를, 예를 들어 바둑돌 •의 개수로 표시하기로 한다면, •를 다음 그림과 같이 정삼각형 모양으로 표시할 수 있는 수를 3각수라고 부른다. 따라서,

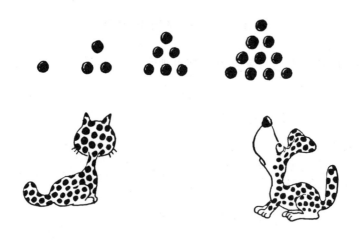

3각수

1번째의 3각수는 1=1

2번째의 3각수는 1+2=3

3번째의 3각수는 1+2+3=6

4번째의 3각수는 1+2+3+4=10

....

n번째의 3각수는,

$$1+2+3+4+\cdots\cdots+(n-1)+n=\frac{1}{2}n(n+1)$$

이다. 이 마지막의 공식은 다음과 같이 증명된다.

3번째의 3각수를 나타내는 그림과 그것과 같은 그림을 거꾸로 나타낸 것을 다음 그림과 같이 서술해 두면,

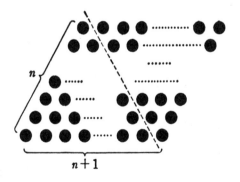

가 되는데, 이 그림에서는 ●가 세로로 n개, ●가 가로로 $(n+1)$개 나열되어 있기 때문에 ●는 전부,

$$n(n+1)$$

개 있다. 그러나 이것은 n번째의 3각수의 2배이기 때문에, n번째의 3각수는

$$\frac{1}{2}n(n+1)$$

이다.

(2) 4각수

수를, 예를 들어 바둑돌 ●의 개수로 나타내기로 한다면, ●를 다음과 같이 정사각형의 모양으로 나타낼 수 있는 수를 4각수라고 부른다.

따라서,

1번째의 4각수는 $1^2=1$
2번째의 4각수는 $2^2=4$
3번째의 4각수는 $3^2=9$

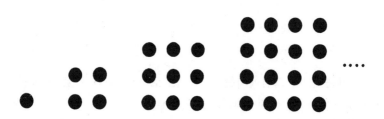

4번째의 4각수는 $4^2=16$

⋯⋯⋯

n번째의 4각수는 n^2

이다.

(3) 3각수와 4각수의 관계

3각수를 1부터 차례대로 나열해 두고, 그 이웃끼리를 더해 보면,

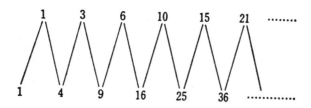

와 같이 4각수가 생긴다.

증명은, 제$(n-1)$번째의 3각수의 그림과, 제n번째의 3각수 그림을 거꾸로 한 것을 나열해 두면,

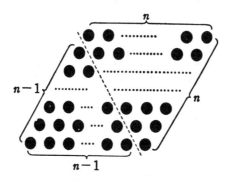

가 되어, ●가 세로로 n개, 가로로 n개, 따라서 전체 n^2이라는 사실에 주의해서 실시할 수 있다.

(4) 홀수와 4각수

홀수를 1부터 차례대로 더해 보면,

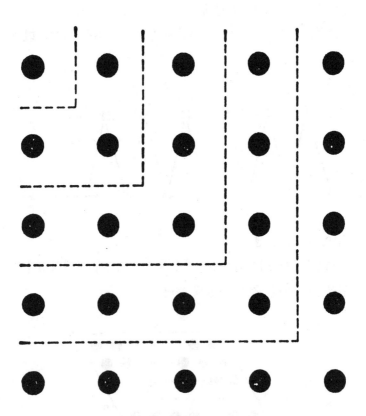

홀수와 4각수

1=1

1+3=4

1+3+5=9

1+3+5+7=16

......

와 같이 답은 항상 4각수가 된다. 증명에는 다음 그림을 이용한
다. 즉,

1+3+5+7+9+……를 만드는데, ●를 항상 열쇠 모양으로
더해 가면, 그 답이 4각수가 된다는 사실을 한 눈에 알 수 있
다.

46

제2장
'계산' 어째서일까

[질문] 수학에서는 여러 가지의 기호가 이용되는데, 그 유래에 대해서 가르쳐 주십시오.

[답]

[＋와 −]

이것은 '계산의 아버지'라고 하는 별명을 가진 독일의 위드먼 (J. Widmann)이 1489년에 과부족의 의미로 사용하기 시작한 것이 차츰 덧셈과 뺄셈의 기호로써 사용되게 되었다고 한다.

더욱이, ＋는 라틴어로 '및'을 의미하는 et을 속기하고 있는 사이에 ＋가 되었다고 한다.

또한, −는 minus의 머리글자 m을 속기하고 있는 사이에 −가 되었다고 하는 설도 있다.

[＝]

이것은 레코드(R.Recorde, 1510~1558)의 「지혜의 지석」(1557)이라고 하는 책에 나타난 것이 최초다. 레코드는 등호로 ＝을 사용하는 이유로써 '길이가 같은 평행선만큼 같은 것은 없기 때문'이라고 말하고 있다. 따라서 이것은, 처음에는 ＝와 같이 옆으로 길게 쓰여지고 있었던 것이 점점 현재의 ＝이 된 것이다.

[×]

이것은 1631년에 출판된 오트레드 (W. Oughtred, 1574~1660)의 「수학의 열쇠」라고 하는 책에 처음 나타나 있다.

[÷]

이것은 1659년에 출판된 란(J.H.Rahn, 1622~1676)의 대수
서적에 보이고 있다. 원래는 비를 나타내는 기호 : 에서 유래된
것이라고 생각된다.

[〈와〉]

1631년에 발행된 해리엇(T.Harriot, 1560~1621)의 책에 보이
고 있다.

[a^2, a^3, ⋯⋯]

이 현재의 지수기호를 처음 사용한 것은 데카르트(René
Descartes, 1596~1650)라고 한다.

[$\sqrt{\ }$]

1525년에 발행된 루돌프(C.Rudolff)의 「대수」에 보이고 있
다. 이 기호는 루트(root)의 머릿글자 r에서 유래되었다고 한
다.

$$\left[a^{-\frac{1}{3}}, a^{-\frac{1}{2}}, \cdots\cdots, a^{\frac{1}{2}}, a^{\frac{1}{3}}, a^{\frac{2}{3}}, \cdots\cdots \ \text{등} \right]$$

이런 기호가 정착된 것은 월리스(John Wallis, 1616~1703)
및 뉴톤(Isaac Newton, 1642~1727) 이후라고 한다.

[i]

$\sqrt{-1}$ 대신 i(imaginary number의 머리 글자)를 쓴 것은 오일

러(Leonhard Euler, 1707~1783)가 처음이라고 한다.

/원주율 π/

원주율을 π로 나타낸 것은 존스(William Jones, 1675~1749
에 의해 시작 되었다고 한다. 오일러, 벨누이(Johann Bernoulli,
1667~1748), 르장드르(A. M. Legendre, 1752~1833) 등이 이것
을 채용한 이후 이 기호는 정착 되었다.

/$f(x)$/

함수라고 하는 말을 처음 수학에 도입한 것은 라이프니쯔
(G.W.F. Leibniz, 1646~1716)이지만, $f(x)$라고 하는 기호를
처음 사용한 것은 오일러라고 한다.

/dx, dy/

라이프니쯔가 처음으로 사용하고 있다. d는 differential의 머리
글자다.

/$f', f'', \cdots y', y'', \cdots$/

이것을 처음 사용한 것은 라그랑쥬 (J. L. Lagrange, 1736~
1813)이다.

〔$\int$〕

이것을 처음 사용한 것도 라이프니쯔다. 이것은 합(sum)을
의미하는 말의 머리글자 S를 상하로 잡아 늘린 기호라고 한다.

[질문] 미지수를 나타내는데, x, y, z 등의 문자가 이용되는 것은 어째서인가?

[답]

프랑스의 비에트(F. Viéte, 1540~1603)는, 기지(旣知)의 양을 나타내기 위해서는 자음,

$$b, c, d, f, \cdots\cdots$$

등을 이용하고, 미지의 양을 나타내기 위해서는 모음,

$$a, e, i, o, u$$

등의 이용을 시도했지만, 이것은 후에 데카르트에 의하여 기지의 양을 나타내기 위해서는 알파벳의 앞쪽 문자,

$$a, b, c, d, \cdots\cdots$$

를 사용하고, 미지의 양을 나타내기 위해서는 알파벳의 뒤쪽 문자,

$$x, y, z$$

을 사용하기로 변경되었는데, 이 습관은 오늘날도 계속되고 있는 것이다.

[질문] sin, cos, tan의 어원은 무엇인가?

[답]

아리아바타(Aryabhatta, 476?~550?)는, 다음 그림의 현 AB 를 jyā라든가 jiva라고 불렀다. jiva는 사냥꾼의 활의 현이라고 하는 의미다. 아리아바타는 또 AB의 반 AC를 jyārdha, ārdhajy ā라고 불렀는데, 나중에는 생략해서 간단하게 jvā, jiva라고 부르게 되었다.

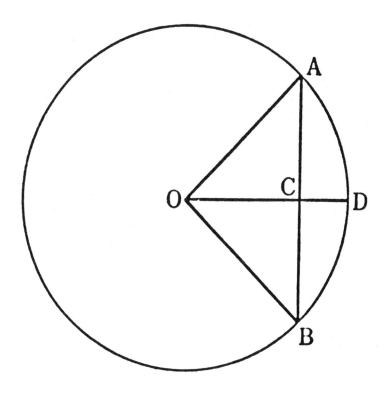

아라비아인 천문학자는 인도의 사인표를 이입했지만, 아라비 아어에서는 모음은 독자에 의해 보충되는 것으로써, 단어의

자음만을 쓰는 경우가 종종 있었다. 그래서 jiva를 아라비아인은 발음대로 같은 자음을 가진 jaib(입강이라든가 골짜기, 혹은 가슴이라고 하는 의미의 말)로 번역했다. 그래서 이 아라비아어가 라틴어로 번역될 때, 입강이라든가 골짜기에 해당하는 라틴어 sinus로 바뀌었다. 이것이 영어 sine의 유래다.

우리나라의 사인, 코사인이라고 하는 용어는 명 말기에 중국에서 온 유럽인의 역어다.

코사인은 처음에는 chorda residui(나머지 현, 티보리의 플라트, 1120년경), sinus residuae(나머지 사인, 비에타, 1579년)이라든가 sinus secundus(제2의 사인, 마기니, 1609년)와 같이 불려지거나, 라에틱스(1551년)와 같이 단순히 basis(기초)라고 불리거나 했다. 라에틱스는 처음으로 삼각함수를 변의 비로써 정의한 사람이다.

현재의 기호에 가까운 것을 처음으로 사용한 사람은 영국의 간터(1620년)로, co. sinus라고 쓰고 있다. 그 후 존 뉴톤(1658년)이 cosinus라고 쓰고, 무어(1674년)가 Cos라고 쓰게 되고부터 이것이 일반적으로 채용되게 된 것이다.

중세의 라틴 저자들은 수평 그림자, 수직 그림자를 umbra recta, umbra versa라고 불렀는데, 이 명칭은 18세기 이후에도 가끔 사용될 만큼 유행했다. umbra versa가 탄젠트고, umbra recta가 코탄젠트이다. 이 umbra versa에 대해서 tangent라고 하는 용어를 사용한 것은 덴마크의 토마스 핀케(1583년)다. cotangent는 처음 tangens secunda(제2의 탄젠트)라고 불리고 있었지만, 영국의 간터(1620년)에 의해 cotangens가 이용되고부터 이것이 보급되었다.

[**질문**] 분수의 나눗셈 때 $\dfrac{b}{a} \div \dfrac{d}{c} = \dfrac{b}{a} \times \dfrac{c}{d}$ 로 계산하는 것은 어째서인가?

[**답**]

우선, 예로써

$$\frac{2}{3} \div \frac{5}{4}$$

라고 하는 나눗셈을 생각해 봅시다. 아래의 그림은 이 $\dfrac{2}{3}$ 와 $\dfrac{5}{4}$ 를 그림으로 그린 것이다.

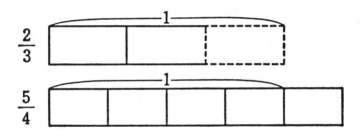

여기에서,

$$\frac{2}{3} = \frac{2 \times 4}{3 \times 4}, \quad \frac{5}{4} = \frac{3 \times 5}{3 \times 4}$$

라고 생각하면 다음 그림을 얻을 수 있다.

그렇다면 이 나눗셈은,

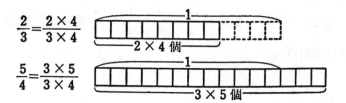

$$\frac{1}{3\times4}$$ 이 2×4개분

을,

$$\frac{1}{3\times4}$$ 이 3×5개분

으로 나누는 셈이다. 따라서 답은,

$$\frac{2\times4}{3\times5}=\frac{2}{3}\times\frac{4}{5}$$

이다. 즉,

$$\frac{2}{3}\div\frac{5}{4}=\frac{2}{3}\times\frac{4}{5}$$

이다. 이것을 일반적인,

$$\frac{b}{a}\div\frac{d}{c}$$

로 바꿔 말하면 다음과 같이 된다.

이제,

$$\frac{b}{a} = \frac{b \times c}{a \times c},$$

$$\frac{d}{c} = \frac{a \times d}{a \times c}$$

에 주의하면,

$$\frac{b}{a} \div \frac{d}{c} = \frac{b \times c}{a \times c} \div \frac{a \times d}{a \times c}$$

이다. 여기에서 오른쪽 두 개의 분수는 같은 분모를 가지고 있기 때문에, 이 나눗셈의 답은,

$$(b \times c) \div (a \times d)$$

즉, 분수의 의미에 따라서

$$\frac{b \times c}{a \times d}$$

와 같다. 이것은 또한,

$$\frac{b}{a} \times \frac{c}{d}$$

라고도 쓸 수 있다. 지금까지의 사실은 또 다음과 같이 이해해도 좋으리라 생각한다.

$$\frac{b}{a} \div \frac{d}{c} = \square$$

라고 하면, 이 $\square$는,

$$\frac{b}{a} = \square \times \frac{d}{c}$$

가 되는 것 같은 □라고 하는 의미다. 따라서 이 식의 양변에 $\frac{c}{d}$ 를 곱하면,

$$\frac{b}{a} \times \frac{c}{d} = \square \times \frac{d}{c} \times \frac{c}{d}$$

즉,

$$\square = \frac{b}{a} = \frac{c}{d}$$

이다.

[질문] 마이너스와 마이너스를 곱하면 어째서 플러스가 되는 것인가?

[답]

이것은 마이너스와 마이너스를 곱하면 플러스가 되는 것이 아니라, 플러스라고 약속한 것이다. 어째서 그렇게 되는가 하는 이유를 서술해 보겠다.

우선,

$(-2) \times 3 = (-2) + (-2) + (-2) = -6$

$(-2) \times 2 = (-2) + (-2) = -4$

$(-2) \times 1 = -2$

$(-2) \times 0 = 0$

그러므로,

......

$(-2) \times 3 = -6$

$(-2) \times 2 = -4$

$(-2) \times 1 = -2$

$(-2) \times 0 = 0$

이라고 하는 표를 얻을 수 있다. 우리들이 생각하고 싶은 것은 이 다음이다. 즉,

......

$(-2) \times \qquad 3 = -6$

$(-2) \times \qquad 2 = -4$

$(-2) \times \qquad 1 = -2$

$(-2) \times \qquad 0 = 0$

$(-2) \times \quad (-1) = ?$

$(-2) \times \quad (-2) = ?$

$(-2) \times \quad (-3) = ?$

......

의 ?부분은 어떻게라고 하는 것이다. 그런데, ……, $(-2) \times$ 3, $(-2) \times 2$, $(-2) \times 1$, $(-2) \times 0$과 같이 곱하는 수가 하나씩 줄어 들면 그 답은, ……, -6, -4, -2, 0과 같이 두개씩 늘어 난다. 따라서, 위의 표는 답이 두개씩 늘어나듯이,

......

$$(-2) \times \quad 3 = -6$$

$$(-2) \times \quad 2 = -4$$

$$(-2) \times \quad 1 = -2$$

$$(-2) \times \quad 0 = 0$$

$$(-2) \times \quad (-1) = +2$$

$$(-2) \times \quad (-2) = +4$$

$$(-2) \times \quad (-3) = +6$$

......

와 같이 완성되는 것이 타당하다고 하는 말이 된다. 이렇게 생각하면 마이너스와 마이너스의 곱은 플러스라고 하는 것이 타당한 약속임을 알 수 있다.

또 하나의 예를 들어 봅시다. 지금,

'온도가 매일 2도씩 내려 가고, 오늘은 0도다. 3일 전은 몇 도였을까?'

라고 하는 문제를 생각해 봅시다. 다음 같은 그림을 그려 보면 곧 알 수 있지만, 매일 2도씩 온도가 내려가고, 오늘은 0도라고 한다면, 3일 전은 6도였던 것이 된다.

한편, 매일 2도씩 온도가 내려가는 것은,

$$-2$$

이고, 3일 전은,

$$-3$$

그럼, 3일 전의 온도는?

으로 나타낼 수 있기 때문에, 이것은,

$$(-2) \times (-3) = 6$$

이라고 약속하는 것이 타당하다는 사실을 보여주고 있다.

[질문] 부등식에서 그 양변에 음수를 곱하면 어째서 부등호의

방향이 바뀌는가?

[답]

우선,

$$5>2$$

는 올바른 부등식이다. 이것은 5에서 2를 뺀 답이 양이라는 사실, 즉,

$$5-2>0$$

을 의미하고 있다. (5-2)는 양이기 때문에, 여기에 예를 들어 -3을 곱하면, (5-2)×(-3)은 음수다. 즉,

$$(5-2)\times(-3)<0$$
$$5\times(-3)-2\times(-3)<0$$

따라서,

$$5\times(-3)<2\times(-3)$$

즉,

$$5>2$$

라고 하는 부등식의 양변에 -3이라고 하는 음수를 곱하면 부등호의 방향이 바뀐다. 사실,

$$5\times(-3)=-15$$

$$2\times(-3)=-6$$

그러므로,

$$-15<-6$$

이다. 이것을 일반부등식,

$$a>b$$

로 바꿔 말해 봅시다. 우선, 이 식은,

$$a-b>0$$

을 의미하고 있다. 따라서 c를 음수라고 한다면, 양의 $(a-b)$와 음의 c를 곱한 $(a-b)c$는 음이다. 즉,

$$(a-b)c<0$$
$$ac-bc<0$$
$$ac<bc$$

즉, 부등식 $a>b$의 양변에 음수 c를 곱하면 $ac<bc$가 되어 부등호의 방향이 바뀐다.

[질문] *0.9999……=1이 되는 것은 어째서인가?*

[답]

가장 간단한 설명은, 1을 9로 나누어 보면,

$$\frac{1}{9} = 0.111111\cdots\cdots$$

이 양변을 9배 하면,

$$1 = 0.999999\cdots\cdots$$

라고 하는 것이겠지요. 그러나 좀더 정확하게는, 1과 0.9, 0.99 0.999,……의 차는,

$$1 - 0.9 = 0.1$$
$$1 - 0.99 = 0.01$$
$$1 - 0.999 = 0.001$$

과 같이, 0.999……99에 있어서 0의 수가 증가하면 증가할수록 작아져 간다. 이것을 수학에서는,

$$0.\underbrace{999\cdots\cdots99}_{n개}$$

에 있어서, n이 한없이 커져 갔을 때의 극한은 1이라고 해서,

$$\lim_{n \to \infty} 0.\underbrace{999\cdots\cdots99}_{n개} = 1$$

라고 쓴다.

$$0.999999\cdots\cdots = 1$$

이라고 쓰는 것은, 이상의 것을 간단히 이렇게 쓴 것이라고 생각

해야 할 것이다. 그러나 수학자 히테츠네도이찌(末綱恕一) 선생
은,

$$0.999999\cdots\cdots$$

를 1로 이해하는 것은 철학자 니시다키타로오(西田幾多郎)
선생이 말씀하신 행위적 직관의 예가 된다고 얘기하고 계신다.

[질문] 예를 들어, 6×0이라고 하는 식은 괜찮다고 하는데,
어째서 $6 \div 0$이라고 하는 것처럼 0으로 나누어서는 안되는 것인
가?

[답]

우선 나눗셈의 의미를 생각해 봅시다. $6 \div 2$의 답

$$6 \div 2 = \square$$

은, 사실 2를 곱하면 6이 되는 수, 즉,

$$6 = \square \times 2$$

가 되는 수다. 이것은 물론 3이다. 그런데 만일 $6 \div 0$이라고 하는
나눗셈을 생각한다고 하면, 그 답,

$$6 \div 0 = \square$$

은, 0을 곱하면 6이 되는 수, 즉,

$$6 = \square \times 0$$

이 되는 수라고 하는 말이 된다. 이와 같은 수가 있을까. □ 속에 어떤 수를 넣어도 이 식은 성립하지 않는다.

이와 같이 6÷0은 답이 없는 계산이기 때문에 해서는 안된다고 하는 것이다.

만일 등식의 양변을 0으로 나누면 모순이 되어 버린다. 예를 들어,

$$1 \times 0 = 2 \times 0$$

은 올바른 식이지만, 이 양변을 0으로 나눈,

$$1 = 2$$

은 옳은 식이 아니다.

[질문] 어째서 $a^0 = 1$이 되는 것인가?

[답]

이것은

$$\ulcorner a^0 = 1 \lrcorner$$

이 되는 것이 아니라, '$a^0 = 1$'이라고 약속한 것이다. 그 이유는 다음과 같다. 우선, a를 m번 곱한,

$$\underbrace{a \times a \times \cdots\cdots \times a}_{m개}$$

를,

$$a^m$$

으로 쓰기로 하면, m과 n을 양의 정수라고 할 때,

$$a^m \times a^n = a^{m+n}$$

이다. 왜냐하면, 이 식의 왼쪽은 위의 정의에 따라서, a를 $m+n$ 번 곱한 것이 되기 때문이다.

다음에, m과 n을 $m>n$인 양의 정수라고 할 때,

$$a^m \div a^n = a^{m-n}$$

이다. 왜냐하면, 이 식의 왼쪽은, 위의 정의에 따라서 a를 $m-n$ 번 곱한 것이 되기 때문이다. 더욱이, m과 n을 양의 정수라고 할 때,

$$(a^m)^n = a^{mn}$$

이다. 왜냐하면 이 식의 왼쪽은 위의 정의에 따라서 a를 $m \times n = mn$번 곱한 것이 되기 때문이다.

이렇게 해서 m과 n을 양의 정수라고 할 때,

$$a^m \times a^n = a^{m+n}$$
$$a^m \div a^n = a^{m-n} (m>n)$$
$$(a^m)^n = a^{mn}$$

이라고 하는 법칙을 얻는데, 이것은 지수 법칙이라고 불린다.

우리들은 이런 지수 법칙이 m, n의 모든 정수값에 대해서 성립하도록 확장을 하고 싶은 것이다.

우선, 제2의 법칙이,

$$m=n$$

의 경우에도 성립하도록 하기 위해서는,

$$a^{m-n}$$

즉,

$$a^0$$

을 어떻게 정의하면 될까?

$m=n$의 경우에는 왼쪽은,

$$a^m \div a^n = 1$$

이 된다. 그리고 우측은,

$$a^{m-n} = a^0$$

이 된다. 이 사실로부터,

$$a^0 = 1$$

이라고 하는 정의가 타당하다는 것을 알 수 있다.

다음에, a^n에서 n이 음의 정수일 때에도 그 의미를 정하고 싶다고 생각한다. 그래서 제2의 법칙,

$$a^m \div a^n = a^{m-n}$$

에서, m을 0으로 본다. 그렇게 하면, 이 식의 왼쪽은,

$$a^0 \div a^n = 1 \div a^n = \frac{1}{a^n}$$

이 된다. 또한 오른쪽은,

$$a^{0-n} = a^{-n}$$

이 된다. 이 사실로부터,

$$a^{-n} = \frac{1}{a^n}$$

이라고 하는 정의가 타당하다는 것을 알 수 있다. 이와 같이 a의 0승과 마이너스 등을 정의하면, 처음에 제시한 지수 법칙이 m, n의 모든 정수값에 대해서 성립하고, 제2의 법칙에 있어서 $m > n$이라고 하는 제한을 제거할 수 있음을 확인할 수 있다.

[질문] 분수를 소수로 고치면 반드시 유한소수나 또는 순환소수가 되는 것은 어째서인가?

[답]
분수를 소수로 고칠 때, 예를 들면,

$$\frac{3}{4} = 0.75 \qquad \frac{5}{8} = 0.625$$

와 같이 나눌 수 있다면, 답은 유한소수가 된다. 그렇다면,

$$\frac{5}{7} = 0.714\cdots\cdots$$

와 같이 나눌 수 없는 경우는 어떻게 되는지를 생각해 봅시다.
이 나눗셈을 실제로 써 보면,

```
      0. 7 1 4 2 8 5 7……
   ──────────────────────────
   7)5. 0
      4 9
      ────
        1 0
          7
        ────
          3 0
          2 8
          ────
            2 0
            1 4
            ────
              6 0
              5 6
              ────
                4 0
                3 5
                ────
                  5 0
                  4 9
                  ────
                    1 0
```

이 된다.

　이것은 차례차례 7로 나누어 가는 계산이지만, 나눌 수 없다
면 7로 나누었을 때의 나머지는,

$$1, 2, 3, 4, 5, 6$$

중 하나다. 따라서 이것을 계속해 가면 언젠가 같은 나머지가
나온다. 그리고 그 뒤부터는 앞과 같은 계산이 반복되고, 답은

순환소수가 된다.

위의 예에서는, 7로 나눈 나머지는 차례차례,

$$1, 3, 2, 6, 4, 5, \cdots\cdots$$

이지만, 6번째에 최초의 5가 나타났기 때문에 여기서부터 다음은 같은 계산으로, 따라서 답은 714285라고 하는 숫자의 나열이 순환하는 순환소수가 된다.

[질문] 순환소수를 분수로 고치는 방법을 가르쳐 주십시요.

[답]

우선 순환소수

$$0.3333\cdots\cdots3\cdots\cdots$$

을 분수로 고치는 것부터 생각해 보자. 거기에는,

$$\frac{1}{9} = 0.1111\cdots\cdots1\cdots\cdots$$

이라는 점을 주의한다. 이 식의 양변에 3을 곱하면,

$$\frac{3}{9} = 0.3333\cdots\cdots3\cdots\cdots$$

즉,

$$\frac{1}{3} = 0.3333\cdots\cdots3\cdots\cdots$$

이 된다. 다음에, 순환소수

$$0.12121212\cdots\cdots12\cdots\cdots$$

를 분수로 고치는 것을 생각해 보자. 거기에는,

$$\frac{1}{99}=0.01010101\cdots\cdots01\cdots\cdots$$

이라는 점에 주의한다. 이 식의 양변에 12를 곱하면,

$$\frac{12}{99}=0.12121212\cdots\cdots12\cdots\cdots$$

즉,

$$\frac{4}{33}=0.12121212\cdots\cdots12\cdots\cdots$$

를 얻는다. 이런 식으로,

$$\frac{1}{999}=0.001001001\cdots\cdots001\cdots\cdots$$

$$\frac{1}{9999}=0.00010001\cdots\cdots0001\cdots\cdots$$

$$\cdots\cdots$$

등에 주의해서, 순환소수를 분수로 고칠 수 있다.

   [질문] 어째서 *1+1=2, 2+1=3*인가. *1+1=2, 2+1=0*이라고 하는 수학은 만들 수 없는 것일까?

[답]

이것은 만들 수 있다. 그러기 위해선 우선 그림과 같이 0시, 1시, 2시밖에 없고, 더구나 짧은 바늘밖에 없는 시계를 생각해 주십시요. 그리고 다음의 문제를 차례대로 생각해 주십시요.

지금 0시다. 지금부터 0시간, 1시간, 2시간 지나면 각각 몇 시일까? 답은 물론, 각각 0시, 1시, 2시다. 이것을 우리들은

$$0+0=0$$
$$0+1=1$$
$$0+2=2$$

0시, 1시, 2시밖에 없는 시계

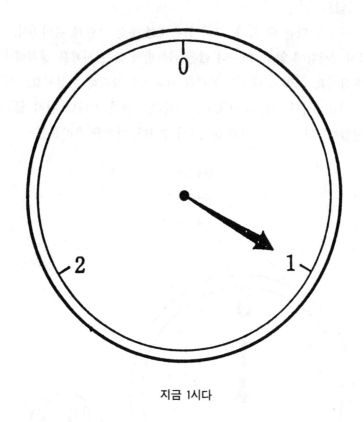

지금 1시다

라고 쓰기로 한다.

지금 1시다. 지금부터 0시간, 1시간, 2시간 지나면 각각 몇
시일까? 시계를 보면서 생각한다면, 답은 각각 1시, 2시, 0시라
는 사실을 알 수 있다. 우리들은 이것을,

$$1+0=1$$
$$1+1=2$$

$$1+2=0$$

이라고 쓰기로 한다.

지금 2시다. 지금부터 0시간, 1시간, 2시간 지나면 각각 몇 시일까? 이것도 시계를 보면서 잘 생각하면 답이 각각 2시, 0시, 1시라는 사실을 알 수 있다. 우리들은 이것을,

$$2+0=2$$
$$2+1=0$$

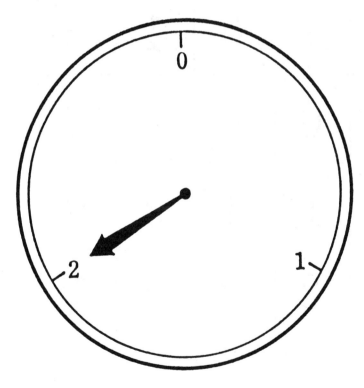

지금 2시다

$$2+2=1$$

으로 쓰기로 한다.

　그렇게 하면 0, 1, 2라고 하는 세 수 사이의 덧셈 법칙을 알 수 있기 때문에, 이것을 표로 나타내면 다음과 같이 된다. 보시 듯이, 이 수학에서는,

+	0	1	2
0	0	1	2
1	1	2	0
2	2	0	1

덧셈의 법칙

$$1+1=2$$
$$2+1=0$$

이 되고 있다.

다음은 곱셈인데,

$$0\times0=0$$
$$1\times0=0$$
$$2\times0=0$$
$$0\times1=0$$
$$1\times1=1$$
$$2\times1=2$$

는 괜찮을 것이다. 또한,

$$0\times2=0$$

도 이의가 없겠지요. 다음에

$$1\times2=1+1=2$$

또는

$$2\times2=2+2=1$$

이다. 그렇게 하면 0, 1, 2라고 하는 세 수 사이의 곱셈 법칙을 전부 알 수 있기 때문에, 이것을 표로 나타내면 다음과 같이 된다.

×	0	1	2
0	0	0	0
1	0	1	2
2	0	2	1

곱셈의 법칙

이와 같이 0, 1, 2라고 하는 세 수밖에 없는 수학도 만들 수 있다.

[**질문**] 원주율 π의 값은 어떻게 해서 구하는가?

[답]
우선 최초로 생각된 방법은, 하나의 원에 내접 및 외접하는

정다각형을 생각하고, 원주의 길이는 이 내접 정다각형의 주와 외접 정다각형의 주 사이에 있음을 이용해서, 원주의 길이로부터 원주율의 값을 계산하는 방법이었다.

이 방법으로 그리스 철학자 아르키메데스 (기원전 287~212)는, 우선 원에 내접, 외접하는 정육각형을 만들고, 다음에 그 변의 수를 2배, 2배라고 하는 식으로 즉, 원에 내접, 외접하는 정십이각형, 정이십사각형, 정사십팔각형, 그리고 정구십육각형을 만들어서, 원주율 π는,

$$3\frac{10}{71} < \pi < 3\frac{1}{7}$$

즉,

$$3.1408\cdots\cdots < \pi < 3.1428\cdots\cdots$$

을 만족하는 것을 증명했다. 따라서, 아르키메데스는 역사상 처음 원주율의 값을 소수점 아래 제2자리까지 구했던 것이다.

더욱이, 인도의 수학자 바스카라(1114~1185)는 원에 내접, 외접하는 정육각형부터 시작해서, 변의 수는 6번이나 2배, 2배하여 마침내 원에 내접, 외접하는 정$6\times2^6=384$각형을 만들어서,

$$\pi = \frac{3927}{1250} = 3.1416\cdots\cdots$$

을 얻었다.

더욱이 아드리안 앙리니스(1527~1607)는 원에 내접, 외접하는 정육각형부터 시작해서, 변의 수를 8번 2배, 2배하여 원에 내접, 외접하는 정$6\times2^8=1536$각형을 만들어서,

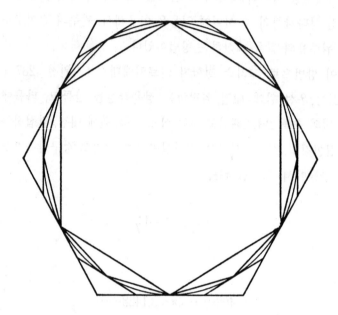

원에 내접, 외접하는 정육각형과 정십이각형

$$\frac{333}{106} < \pi < \frac{377}{120}$$

을 얻었다.

　여기에서 그는 원주율의 근사값을 얻기 위해 이 가장 좌변과 가장 우변 분자의 평균값

$$(333+377) \div 2 = 355$$

를 분자로 하고, 분모의 평균값

$$(106+120) \div 2 = 113$$

을 분모로 하는 분수

$$\frac{355}{113}$$

를 채용했다. 이 근사값은 1, 1, 3, 3, 5, 5라는 숫자가 나열되어 있기 때문에 외우기 쉬운 근사값이다. 더구나,

$$\frac{355}{113} = 3.141592\cdots\cdots$$

이므로, 소수점 이하 제6자리까지 정확한, 대단히 좋은 근사값이다.

더욱이, 독일의 수학자 루드루프(1540~1610)는 원주를 차례차례 2등분해서, 마침내 원에 내접, 외접하는 정

$$2^{62} = 4611686018427387904$$

각형을 만들고, 이것을 이용해서 원주율의 값을,

$$\pi = 3.14159265358979323846264338327950288\cdots\cdots$$

과 같이, 소수점 이하 제35자리수까지 계산했다.

그러나 원에 내접, 외접하는 정다각형을 이용해서 원주율을 계산한다고 하는 이 방법에서는, 이 정도의 계산을 하는 것은 실로 대단한 일이다. 사실, 루드루프는 이 방법으로 원주율을 소수점 이하 제35자리수까지 계산하는데 그 일생을 보내 버렸다. 그리고 그는 죽을 때에 원주율의 이 값을 그 비석에 새기도록 유언을 했다. 그러므로 독일에서는 원주율을 가리켜 루드루프의 수라고 부르고 있을 정도다.

그러나, 17세기에 들어와서 뉴톤(1642~1727)과 라이프니찌 (1646~1716)에 의하여 미분적분학이 발견되고, 그것에 따라서 원주율은 무한급수를 이용해서 나타내는 공식이 잇따라 발견되고, 그것을 이용하면 원주율의 계산이 보다 용이해진다는 사실을 알게 되었다. 그리고 그것에 따라서 원주율의 계산 경쟁은 이전보다도 심해지게 되었다.

처음 이 새로운 방법에 대해서 길을 개척한 사람은 그레고리 (1638~1675)였다. 즉, 그는,

$$\frac{\pi}{4} = 1 - \frac{1}{3} + \frac{1}{5} - \frac{1}{7} + \frac{1}{9} - \frac{1}{11} + \cdots\cdots$$

라고 하는 무한급수를 발견했다. 이 공식은 또한,

$$\frac{\pi}{8} = \frac{1}{1 \cdot 3} + \frac{1}{5 \cdot 7} + \frac{1}{9 \cdot 11} + \cdots\cdots$$

라고도 다시 쓰여진다.

이런 종류의 공식을 사용해서 원주율의 값을 계산할 경우에는 이 무한급수가 가능한 한 빨리 일정값에 접근해 주는 것이, 즉 이 무한급수가 가능한 한 빨리 수습되는 것이 바람직하지만, 유감스럽게 처음에 발견된 이 무한급수는 그 수습의 정도가 상당히 완만하기 때문에, 원주율 값의 계산에는 반드시 적합한 것은 아니었다.

그러나 샤브(1651~1742)는 이 공식을 조금 변형한 공식을 사용해서 1699년에 무려 원주율의 값을 소수점 이하 제71자리수 까지 정확하게 구해 버렸다. 이것은 원에 내접, 외접하는 정다각

형을 사용해서는 무너뜨릴 수 없는 벽을 비로소 무너뜨린 결과라고 말할 수 있다.

이렇게 해서 원주율을 계산하기 위한 하나의 새로운 방법은 발견되었지만, 이 방법을 사용해서 원주율을 계산하려고 할 경우에는,

(1) 생각하고 있는 무한급수가 가능한한 빨리 수습될 것,

(2) 계산이 쉬울 것,

이 바람직하기 때문에, 원주율의 계산 경쟁은 이 두 가지 조건을 만족시키는 무한급수를 찾는 경쟁으로 변했다.

그런데 이 두 가지 조건을 만족시키는 급수로써, 오일러·(1707~1783)는,

$$\frac{\pi}{4} = \frac{1}{2} - \frac{1}{3}\left(\frac{1}{2}\right)^3 + \frac{1}{5}\left(\frac{1}{2}\right)^5 - \frac{1}{7}\left(\frac{1}{2}\right)^7 + \cdots\cdots$$
$$+ \frac{1}{3} - \frac{1}{3}\left(\frac{1}{3}\right)^3 + \frac{1}{5}\left(\frac{1}{3}\right)^5 - \frac{1}{7}\left(\frac{1}{3}\right)^7 + \cdots\cdots$$

를 발견했다.

이상의 그레고리와 오일러의 발견이 동기가 되어 원주율의 계산에 편리할 것 같은 무한급수가 잇따라 발견되어 갔다. 우선, 마틴(1685~1751)은 그레고리의 무한급수를 변형해서 다음의 무한급수를 얻었다.

$$\frac{\pi}{4} = 4\left\{\frac{1}{5} - \frac{1}{3}\left(\frac{1}{5}\right)^5 + \frac{1}{5}\left(\frac{1}{5}\right)^3 - \frac{1}{7}\left(\frac{1}{5}\right)^7 + \cdots\cdots\right\}$$
$$- \left\{\frac{1}{239} - \frac{1}{3}\left(\frac{1}{239}\right)^3 + \frac{1}{5}\left(\frac{1}{239}\right)^5 - \frac{1}{7}\left(\frac{1}{239}\right)^7 + \cdots\cdots\right\}$$

루드루프의 유언

이 무한급수는 오일러의 무한급수 보다도 훨씬 빨리 수습되기
때문에 원주율 계산에 적합한 것이다. 현재 마틴은 이 공식을
이용해서 원주율의 값을 소수점 이하 제100자리수까지 구하고
있다.

또한 라니(1660~1734)는 역시 무한급수를 사용해서 원주율
의 값을 소수점 이하 제112자리수까지 구했다.

이렇게 해서 무한급수를 이용한 원주율의 계산 경쟁은 계속
되어 갔는데, 그 주요한 결과를 들어 보면 다음과 같다.

베거   1794년   소수점 이하   제136자리수까지
라더포드   1841년   소수점 이하   제152자리수까지

다제	1844년	소수점 이하	제200자리수까지
클라우젠	1847년	소수점 이하	제248자리수까지
라더포드	1853년	소수점 이하	제440자리수까지
리히터	1855년	소수점 이하	제500자리수까지
샹크스	1873년	소수점 이하	제707자리수까지

이 리히터와 샹크스의 계산은 소수점 이하 제500자리수까지는 확실히 정확했다. 그러나 제2차세계대전이 끝나고 얼마 안 되는 1945년에, 영국의 이튼왕립해군대학의 페르그라고 하는 사람이 이 샹크스의 계산을 주의 깊게 고쳐서, 소수점 이하 제528 자리수째에 착오가 있음을 발견했다.

그런데 원주율의 값을 원에 내접, 외접하는 정다각형을 이용한다고 하는 방법으로 계산한 것으로는 루드루프의 예와 같이 소수점 이하 제40자리수 가까이까지 구하는 것이 고작이다. 또한, 원주율의 값을 구하는데 무한급수를 이용하는 방법이 발견되었지만, 이것 역시 연필과 종이를 이용해서 계산한 것으로는 샹크스의 예가 제시하고 있듯이, 소수점 이하 제500자리수나 그것을 조금 넘는 정도가 고작이다.

그러나 여기에 전자계산기라고 하는 것이 등장했다. 그것이 1949년의 일이었는데, 아메리카의 수학자들은 어느 주말에 전자계산기가 비어 있는 것을 깨닫고, 이것에 원주율의 계산을 명령해 보았다. 그리고 72시간을 소요해서 원주율의 값을 소수점 이하 제2037자리수까지 계산하는데 성공했다.

그 이후 원주율의 값은 무한급수를 이용해서 전자계산기로 계산하게 되고, 현재에는 소수점 이하 제50만자리수까지 계산되고 있다고 한다.

[**질문**] tan90°는 어째서 ∞인가?

[**답**]

지금 x축과 θ의 각을 이루는 동경이 반경 r인 원과 교차하는 점을 P, P의 좌표를 (x, y)라고 한다면,

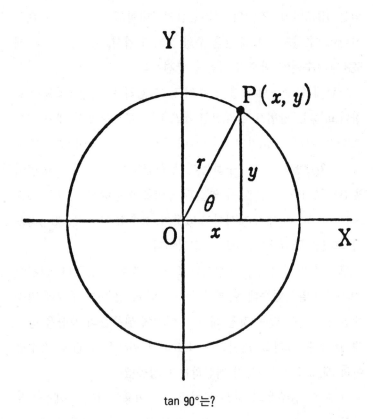

tan 90°는?

$$\tan \theta = \frac{y}{x} \text{ 이다.}$$

여기에서, $^\circ$를 90°보다 작은 쪽부터 끝없이 90°에 접근해 본다. 즉,

$$\theta \to 90° - 0$$

으로 해 본다. 이 때, x는 양으로,

$$x \to 0, \qquad y \to r$$

이다. 따라서 $\tan \theta = \frac{y}{x}$ 는 양으로 한없이 커진다.

또한 θ를 90°보다 큰 쪽부터 90°에 접근해 본다. 즉,

$$\theta \to 90° + 0$$

으로 해 본다. 이 때 x는 음으로,

$$x \to 0, \qquad y \to r$$

이다.따라서 $\tan \theta = \frac{y}{x}$ 는 음으로, 절대값이 얼마든지 커진다.

이상의 사항을 우리들은

$$\lim_{\theta \to 90°} \tan \theta = \infty$$

라고 쓴다. 이것을

$$\tan 90° = \infty$$

라고 쓰는 것은, 오히려 약기법으로 별로 감탄할 만한 표기법은 아니다. 왜냐하면, $\theta = 90°$에 대해 $\tan \theta$는 정의할 수 없는데, 위 식은 그것이 존재해서 ∞라고 하는 수와 같은 것처럼 보이기 때문이다.

만일, 말로 $\tan 90°$는 ∞라고 말한다면, 그것은 위의 의미, 즉 ∞가 $90°$에 가까우면 $\tan \theta$ 절대값은 얼마든지 커진다고 하는 의미다.

[질문] e는 어떻게 구하는가?

[답]
미적분학으로,

$$e^x = 1 + \frac{x}{1!} + \frac{x^2}{2!} + \frac{x^3}{3!} + \cdots\cdots$$

이라는 사실이 알려져 있다. 여기에서 $x = 1$이라고 두면,

$$e = 1 + \frac{1}{1!} + \frac{1}{2!} + \frac{1}{3!} + \cdots\cdots$$

이 된다. e는 이 식을 이용해서 계산된다.

[질문] $e = \lim_{n \to \infty} \left(1 + \frac{1}{n}\right)^n$ 기초로 하는 로그를 어째서 자연 로그라고 하는가? $n \to \infty$

[답]

우선,

$$\lim_{n\to\infty}\left(1+\frac{1}{n}\right)^n=e$$

에 있어서,

$$\frac{1}{n}=h$$

로 두면,

$$\lim_{h\to0}(1+h)^{\frac{1}{h}}=e$$

을 얻는다. 지금 e를 기초로 하는 로그를 $\log$라고 쓰면,

$$\frac{\log(1+h)}{h}=\log(1+h)^{\frac{1}{h}}$$

인데, 여기에서 $h\to0$라고 하면,

$$\lim_{h\to0}\frac{\log(1+h)}{h}=\lim_{h\to0}\log(1+h)^{\frac{1}{h}}=\log e$$

따라서

$$\lim_{h\to0}\frac{\log(1+h)}{h}=1$$

이다. 여기에서

$$\log(1+h)=x, \ \text{즉} \ h=e^x-1$$

이라고 두면,

$$1 = \lim_{h \to 0} \frac{\log(1+h)}{h} = \lim_{x \to 0} \frac{x}{e^x - 1}$$

따라서,

$$\lim_{x \to 0} \frac{e^x - 1}{x} = 1$$

을 얻는다. 그런데 여기에서,

$$y = e^x$$

의 미계수 y'를 구해 본다.

$$y' = \lim_{h \to 0} \frac{e^{x+h} - e^x}{h} = e^x \lim_{h \to 0} \frac{e^h - 1}{h} = e^x$$

따라서,

$$y = e^x \text{ 라면 } y' = e^x$$

이다. 또한,

$$y = \log x$$

의 미계수를 구해 본다.

$$y' = \lim_{h \to 0} \frac{\log(x+h) - \log x}{h}$$

$$= \lim_{h \to 0} \frac{1}{h} \log \left(1 + \frac{h}{x}\right)$$

$$= \frac{1}{x} \lim_{h \to 0} \frac{x}{h} \log\left(1 + \frac{h}{x}\right)$$

$$= \frac{1}{x} \lim_{\frac{h}{r} \to 0} \log\left(1 + \frac{h}{x}\right)^{\frac{x}{h}}$$

$$= \frac{1}{x} \log e$$

$$= \frac{1}{x}$$

따라서,　　　$y = \log x$ 라면 $y' = \frac{1}{x}$

이다.

이와 같이 간단한 공식을 얻을 수 있었던 것은 로그의 기초로써 e를 이용했기 때문이다. e 이외의 기초를 이용하면 공식은 좀 더 복잡해진다. 이런 의미에서 e를 기초로 하는 로그를 자연로그라고 부른다.

이상에서 상상되듯이 미적분학과 같은 이론을 전개할 때에는 e를 기초로 하는 로그를 이용하고, 실제의 수치계산에는 10을 기초로 하는 상용로그를 이용한다.

[질문] 컴퓨터에서는 어째서 2진법이 이용되는가?

[답]

우선, 2진법의 설명부터 시작합시다. 2진법이라고 하는 것은 하나의 자리수가 두 개 모이면, 이 위에 또 자리수를 올려서

계산해 가는 계산법이다. 따라서 처음에는,

$$1$$

이지만, 그 다음의 2는

$$\begin{array}{r} 1 \\ +\ 1 \\ \hline 1\ 0 \end{array}$$

으로 쓰여진다. 그 다음의 3은,

$$\begin{array}{r} 10 \\ +\ 1 \\ \hline 11 \end{array}$$

이라고 쓰여진다. 그 다음의 4는,

$$\begin{array}{r} 11 \\ +\ 1 \\ \hline 100 \end{array}$$

이라고 쓰여진다.

이런 식으로 10진법의 1, 2, 3, 4, 5, 6,……을 2진법으로 써 보면 다음과 같이 된다.

10진법	1	2	3	4	5	6	7	8
10진법	1	10	11	100	101	110	111	1000

10진법	9	10	11	12	13	14
10진법	1001	1010	1011	1100	1101	1110

보시는 바와 같이 10진법으로 수를 표시하기 위해서는 1, 2, 3, 4, 5, 6, 7, 8, 9, 0이라고 하는 10개의 숫자를 필요로 하지만, 2진법에서는 1, 0이라고 하는 두 개의 숫자만 있으면 충분하다.

그런데 전기적인 연구로 수를 표시하려고 생각할 때에는 전류가 통하는 상태와 전류가 끊긴 상태를 조합하는 수밖에 없다. 그래서 수를 2진법으로 나타내는 것이며, 1을 전류가 통하고 있는 상태로, 0을 전류가 통하고 있지 않은 상태로 나타내면 만사 잘 된다고 한다.

제3장
기하학의 이것을 알고 싶다

[질문] *1회전을 360°라고 하며, 1°를 60′으로 나누고, 1′를 60″로 나누는 이유를 가르쳐 주십시요.*

[답]

고대 바빌로니아 사람들은 1년을 360일이라고 생각했다. 그래서 그들은 전원주를 360등분해서 그 하나가 1일에 해당한다고 생각했다. 그런데 바빌로니아 벽화 등으로 미루어 보아, 바빌로니아 사람들은 어떤 반경으로 원을 그리고, 그 반경으로 원주를 차례차례 쪼개 나가면 6번째에 원상태로 되돌아간다는 사실을

바빌로니아인의 지혜

알고 있었던 것으로 생각된다.

360의 6분의 1은,

$$360 \div 6 = 60$$

이므로, 이 때문에 바빌로니아 사람들은 이 60이라고 하는 수를 매우 중요한 수로 여긴 것이라고 생각된다.

그래서 사람들은 1회전을 360등분한 하나, 즉 1°를 다시 세분하고 싶다고 생각할 때에는 1°를 60으로 나누어 1′라고 했다. 즉,

$$1° = 60′$$

이다. 그리고 이것을,

partes minutae primae(제1의 작은 부분)이라고 불렀다. 현재 1′, 즉 1분을 1minute라고 부르는 것은 여기에서 유래하고 있다.

사람들은, 1′를 다시 세분하고 싶다고 생각할 때에는 1′를 60으로 나누어 1″라고 했다. 즉,

$$1′ = 60″$$

이다. 그리고 이것을,

partes minutae secondae(제2의 작은 부분)

이라고 불렀다. 현재 1″, 즉 1초를 1second라고 부르는 것은 여기에서 유래하고 있다.

[질문] 삼각형 내각의 합은 어째서 *180°*인가?

[답]

평면상의 유클리드기하에서는 1직선 *l* 과 그 위에 없는 점 P가 주어진 경우, P를 지나고 *l* 과 평행한 직선은 단 1개만 그을 수 있다고 가정한다.

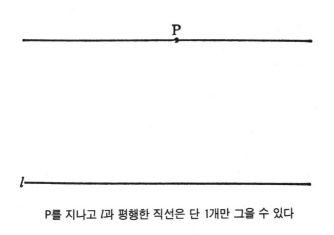

P를 지나고 *l*과 평행한 직선은 단 1개만 그을 수 있다

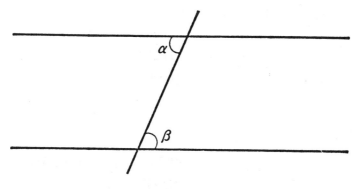

엇각은 같다

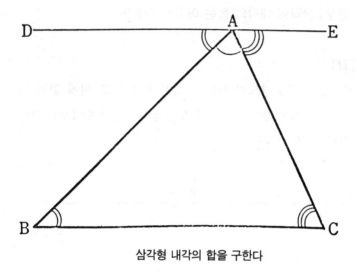

삼각형 내각의 합을 구한다

이렇게 가정하면, 평행한 2직선에 제3의 직선이 교차해서 만드는 엇각(그림의 α와 β)은 같다는 사실이 증명된다. 따라서 삼각형 내각의 합이 180°라는 사실이 다음과 같이 증명된다.

임의의 삼각형 ABC의 정점 A를 지나고 변BC에 평행한 직선 DE를 그으면, 위의 사실로 인하여

$$\angle B = \angle DAB$$
$$\angle C = \angle EAC$$

따라서,

$$\angle A + \angle B + \angle C = \angle BAC + \angle DAB + \angle EAC$$
$$= \angle DAE$$
$$= 180°$$

l ————————————————————

P를 지나고 C과 교차하지 않는 직선

P
●

l ————————————————————

P를 지나고 l과 교차하지 않는 직선을 그을 수 없다고 한다면……

  만일, 평면상에 1직선 l 과 그 위에 없는 점이 주어진 경우,
점P를 지나고 l 과 교차하지 않는 직선은 무수히 그을 수 있다
고 가정하면, 삼각형 내각의 합은 180°보다 작아진다.
  만일, 평면상에 1직선 l 과 그 위에 없는 점 P가 주어진 경

우, 점 P를 지나고 교차하지 않는 직선은 1개도 그을 수 없다고 가정하면, 삼각형 내각의 합은 180°보다도 커진다.

[질문] 주어진 원과 같은 면적을 가진 정사각형을 작도할 수 있는가?

[답]

주어진 원의 반경을 a라고 하면, 그 면적은 πa^2이다. 또한, 정사각형 1변의 길이를 x라고 하면, 면적은 x^2이다. 따라서, 주어진 원과 같은 면적을 가진 정사각형의 1변 x는,

$$x^2 = \pi a^2$$

을 만족해야만 한다. 따라서, 여기에서

$$x = \sqrt{\pi}\, a$$

를 얻는다.

예를 들면, 고대 이집트 사람들은 반경 a의 원과 면적이 같은 정사각형을 작도하기 위해서는, 원의 직경 $2a$의 $\dfrac{8}{9}$, 즉,

$$2a \times \frac{8}{9} = \frac{16}{9}\, a$$

를 1변으로 하는 정사각형을 그리면 된다고 말하고 있다. 이것은,

$$\sqrt{\pi} = \frac{16}{9}$$

원과 정사각형

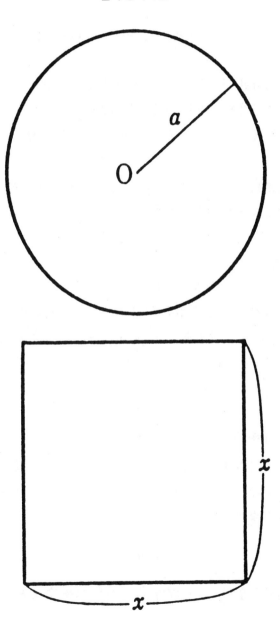

따라서,

$$\pi = (\frac{16}{9})^2 = \frac{256}{81} = 3,160\cdots\cdots$$

라고 생각한 것이 된다. 그러나 만일 주어진 원과 같은 면적을 가진 정사각형을 자와 콤파스를 이용해서 작도하라고 한다면, 이것은 작도 불능한 문제라는 사실이 알려져 있다.

[질문] 임의로 주어진 각을 자와 콤파스를 이용해서 3등분하는 것은 어째서 불가능할까?

[답]

이제 임의로 주어진 각을 XOY라고 하고, 그 정점 O를 중심으로 해서 반경 2의 원을 그려 OX, OY와의 교점을 각각 A, B라고 한다. 또한 B에서 OA에 내린 수선의 발을 E라고 한다. 각 XOY가 주어졌다고 하는 것은,

$$OE = a$$

가 주어졌다는 말이다.

이제, 각 XOY의 3등분선이 이 원과 교차하는 점을 A에 가까운 쪽부터 C, D라 하고, C에서 OX에 내린 수선의 발을 F라고 한다. 그렇게 하면,

$$OF = x$$

의 길이를 알면, 각 XOY의 3등분선은 그을 수 있게 된다.

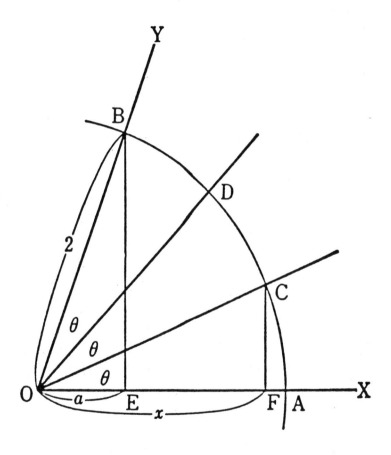

임의로 주어진 각을 3등분한다

그런데,

$$\angle XOY = 3\theta, \quad \angle XOC = \theta$$

라고 두면,

$$\cos 3\theta = \frac{a}{2}, \quad \cos\theta = \frac{x}{2}$$

이다. 이것을 유명한 3배각의 공식,

$$\cos 3\theta = 4\cos^3\theta - 3\cos\theta$$

에 대입하면,

$$\frac{a}{2} = 4\left(\frac{x}{2}\right)^3 - 3 \cdot \frac{x}{2}$$

즉,

$$x^3 - 3x - a = 0$$

을 얻는다.

임의로 주어진 각을 3등분하라고 하는 문제는, 임의로 주어진 a에 대해서 이 방정식을 만족하는 x를 찾아내라고 하는 문제다.

그런데 우리들은 자와 콤파스를 이용해서 이와 같은 x를 찾아내는 것이 가능한지 어떤지를 생각하고 있지만, 그것에 관해서 다음의 정리가 알려져 있다.

정리. 유리수를 계수로 하는 3차방정식

$$x^3 + px^2 + qx + r = 0$$

이, 만일 유리수의 해를 갖지 않는다면 이 방정식은 자와 콤파스로 작도할 수 있는 해를 갖지 않는다.

따라서, 임의로 주어진 각을 자와 콤파스를 이용해서 3등분하는 것이 불가능하다는 사실을 증명하기 위해서는 a의 유리수의 어떤 값에 대해서는, 3차방정식

$$x^3 - 3x - a = 0$$

이 유리수의 해를 갖지 않는다는 사실을 증명하면 되는 것이다.

만일, 주어진 각이 60°라면, 이 a의 각은 1이 된다. 그래서 우리들은 이 $a = 1$이라고 하는 값에 대해서는, 3차방정식

$$x^3 - 3x - 1 = 0$$

이 유리수의 해를 갖지 않는다는 사실을 증명한다. 그렇게 하면 위의 정리에 따라서 60°라고 하는 각은 자와 콤파스를 사용한 3등분은 불가능하다는 사실을 증명하게 된다.

그래서 이제, 3차방정식,

$$x^3 - 3x - 1 = 0$$

이, 유리수의 해

$$x = \frac{u}{v} \; (u, \, v \text{는 정수})$$

를 가졌다고 가정하고, 그로부터 모순이 생긴다는 사실을 증명한다. 단, 여기에서 u와 v는 서로 약수를 갖지 않는다. 즉, $\frac{u}{v}$는 기약분수라고 해 둔다. 이 x의 값을 위의 3차방정식에 대입하면,

$$\left(\frac{u}{v}\right)^3 - 3\left(\frac{u}{v}\right) - 1 = 0$$

즉,

$$u^3 - 3uv^2 - v^3 = 0$$

을 얻는다. 그러나, 이 식은 다음의 두 종류의 형태로 다시 쓰여진다. 즉,

$$u^3 = v(3uv + v^2)$$

와,

$$v^3 = u(u^2 - 3v^2)$$

이다.

그런데, 이 제1의 식

$$u^3 = v(3uv + v^2)$$

은 v가 $+1$이나 -1이 아니면 안된다는 사실을 나타내고 있다.

왜냐하면, 만일 v가 $+1$이나 -1이 아니었다고 하면, v는 $+1, -1$ 이외의 소수 P로 나누어질 것이다. 즉,

$$v = v'\text{p}$$

가 되는 정수 v'가 존재할 것이다. 따라서, 위의 식은

$$u^3 = v'\text{p}(3uv + v^2)$$

가 되기 때문에, 이것은 u^3이 p로 나뉜다는 사실, 따라서 u자신이 p로 나뉜다는 사실을 나타내고 있다. 그러나 이것은 u와 v가 서로 약수를 갖지 않는다고 하는 가정에 모순된다. 따라서, v는 $+1$이나 -1이 아니면 안된다.

마찬가지로 제2의 식

$$v^3 = u(u^2 - 3v^2)$$

은, u도 $+1$이나 -1이 아니면 안된다는 것을 나타내고 있다.

이상의 연구로 우리들은 u도 v도 $+1$이나 -1, 따라서

$$x = +1 \text{이나} \ x = -1$$

이 아니면 안된다고 결론짓는다. 그러나 이 $x = +1$도 $x = -1$도,

$$x^3 - 3x - 1 = 0$$

을 만족하지 않는다. 이 모순은, 이 방정식이,

$$x=\frac{u}{v}$$

라고 하는 유리수의 해를 갖는다고 하는 가정에서 발생한 것이다. 따라서 이 3차방정식은 유리수의 해를 갖지 않는다는 사실을 알았다. 이상의 고찰과 위의 정리로 인해서, 3차방정식

$$x^3-3x-1=0$$

은, 자와 콤파스로 작도할 수 있는 해를 갖지 않는다는 사실을 알았다. 즉, 60°라고 하는 각은 자와 콤파스로 3등분할 수 없음을 알았다.

　[질문] 피타고라스의 정리의 증명 방법은 여러 가지 있다고 하는데, 그것을 가르쳐 주십시요.

　[답]

　우선 피타고라스의 정리라고 하는 것은 직각 삼각형에 있어서 그 직각을 낀 두 변 위에 그린 정사각형의 면적의 합은 빗변 위에 그린 정사각형의 면적과 같다고 하는 정리다. 즉, C를 직각 꼭지점으로 하는 직각삼각형 ABC에서

$$BC=a,\ CA=b,\ AB=c$$

라고 두면,

$$a^2+b^2=c^2$$

이라고 하는 정리다. 그 증명 방법 중 몇 가지를 소개해 봅시다.

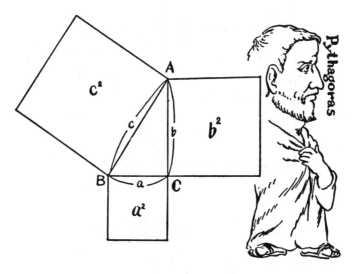

피타고라스의 정리

(1) 이것은 대부분의 중학교 교과서에 나와 있는 것이다.

우선, 1변의 길이가 $a+b$인 정사각형을 그리고, 그것을 다음의 그림과 같이 단락을 지으면, 그 속에는 a를 1변으로 하는 정사각형이 한 개, b를 1변으로 하는 정사각형이 한 개, 그리고 원래의 직각삼각형이 4개 포함되어 있다.

다음에, 1변의 길이가 a＋b인 정사각형을 그림과 같이 단락을 지으면, 이 그림 속에는 빗변을 1변으로 하는 정사각형 한 개

112

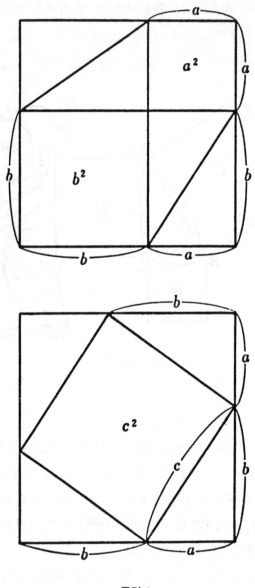

증명 1

와, 원래의 직각삼각형이 4개 포함되어 있다.

　그러나 이런 큰 정사각형끼리는 면적이 같기 때문에, 원래의
직각삼각형 4개분을 빼면,

$$a^2 + b^2 = c^2$$

이라는 사실을 알 수 있다. 이것은 피타고라스 자신이 제시한
증명이 아니라고 한다.

　(2) 우선, 직각삼각형 ABC의 직각을 낀 변 BC 위에 그린
정사각형을 BCDE, 변 AC 위에 그린 정사각형을 ACFG, 빗변
AB 위에 그린 정사각형을 ABJK라 하고, 정점 C에서 변 AB에
내린 수선이 AB와 교차하는 점을 H, CH의 연장이 JK와 교차하
는 점을 I라고 한다.

　이 때 삼각형 ABE를 점 B 주위로 직각만큼 회전시켜서 삼각
형 JBC에 겹칠 수 있다. 따라서,

　　　　　　삼각형 ABE＝삼각형 JBC

　　그러나,

$$삼각형\ ABE = \frac{1}{2}(정사각형\ BCDE)$$

$$삼각형\ JBC = \frac{1}{2}(직사각형\ JIHB)$$

　　그러므로,

　　　　　　정사각형 BCDE＝직사각형 JIHB

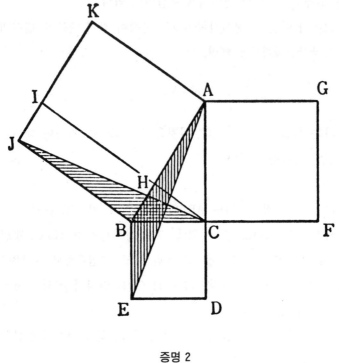

증명 2

이와 같은 방법으로

  정사각형 ACFG＝직사각형 AHIK

이 두 식을 더해서,

  정사각형 BCDE＋정사각형 ACFG＝정사각형 ABJK

이것은 유클리드가 제시한 증명이다.

(3) 앞의 (2)와 같은 사실을 다음과 같이 바꿔 말할 수 있다.

E를 지나고 BA에 평행으로 그은 직선이 AC와 교차하는 점을 L, J를 지나고 BC에 평행으로 그은 직선이 IC와 교차하는 점을 M이라 한다. 이 때, 평행사변형 ABEL을 점B 주위로 직각만큼 회전하면 평행사변형 JBCM과 겹친다. 따라서,

평행사변형 ABEL＝평행사변형 JBCM

그러나,

평행사변형 ABEL＝정사각형 BCDE

평행사변형 JBCM＝직사각형 JBHI

그러므로,

정사각형 BCDE＝직사각형 JBHI

이와 같은 방법으로

정사각형 ACFG＝직사각형 AHIK

이것을 더하여,

정사각형 BCDE＋정사각형 ACFG＝정사각형 ABJK

위의 두 증명에 나온

정사각형 BCDE＝직사각형 JBHI

정사각형 ACFG＝직사각형 AHIK

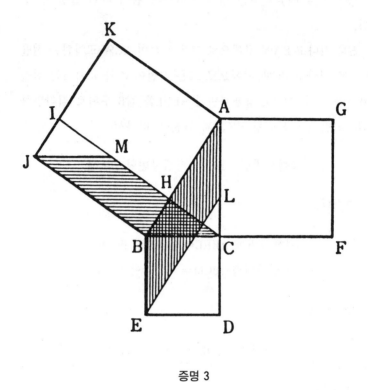

증명 3

는 각각,

$$BC^2 = BH \cdot BA$$
$$AC^2 = AH \cdot AB$$

라고도 쓸 수 있는데, 이것은 유클리드의 정리라고 불리는 경우
가 있다.

(4) 이런 유클리드의 정리는 닮은꼴 삼각형의 성질을 사용해
서 다음과 같이도 증명된다.

직각삼각형 ABC의 직각 꼭지점 C에서 빗변 AB에 내린 수선
의 발을 H라고 했기 때문에, 삼각형 BHC와 삼각형 BCA는 하나
의 각 B를 공유하는 두 개의 직각삼각형이 되고, 따라서 서로
비슷하다. 즉,

118

증명 4

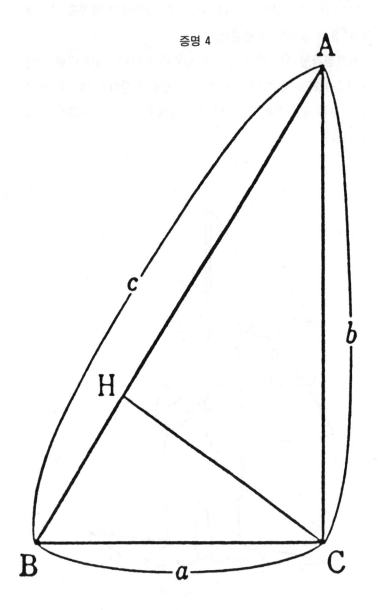

$$\text{삼각형 BHC} \backsim \text{삼각형 BCA}$$

여기에서,

$$\frac{BC}{BH} = \frac{AB}{BC}$$

따라서,

$$BC^2 = BH \cdot AB \cdots\cdots (가)$$

이와 같은 방법으로,

$$\text{삼각형 AHC} \backsim \text{삼각형 ACB}$$

이므로,

$$\frac{AC}{AH} = \frac{AB}{AC}$$

따라서,

$$AC^2 = AH \cdot AB \cdots\cdots (나)$$

(가), (나) 라고 하는 유클리드의 정리가 증명되면 (가), (나)를 더해서,

$$BC^2 + AC^2 = (BH + AH)AB = AB^2$$

(5) 위의 증명으로,

120

$$\triangle BHC, \triangle AHC, \triangle ACB$$

는 모두 서로 비슷하다는 사실을 알았다. 따라서, 닮은꼴 삼각형의 면적비는 대응변의 제곱비와 같다고 하는 정리에 따라서,

$$\frac{a^2}{\triangle BHC} = \frac{b^2}{\triangle AHC} = \frac{c^2}{\triangle ABC}$$

그러나,

$$\triangle BHC + \triangle AHC = \triangle ABC$$

그러므로,

$$a^2 + b^2 = c^2$$

(6) 이 증명은 인도의 수학자 바스카라의 증명인데, 그는 다음의 그림 두 개를 나란히 그리고 단지,

'보라'

고, 말하고 있다.

이것으로 피타고라스의 정리의 증명이 되고 있는 것은, 여기에 길이를 적어넣고, 그림과 같이 점선을 더해 보면 알 수 있다. 즉, p.121(上)은 직각삼각형 ABC의 빗변 AB=c위에 그린 정사각형을, 직각삼각형 4개분과 작은 정사각형으로 분할한 그림이다.

이것을 p.121(下)그림과 같이 옮겨 그리면 그것은 BC=a를 1변으로 하는 정사각형과 AC=b를 1변으로 하는 정사각형을

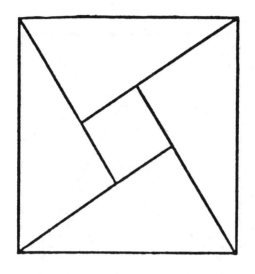

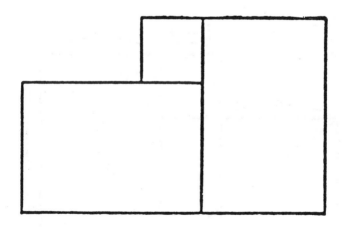

바스카라의 증명

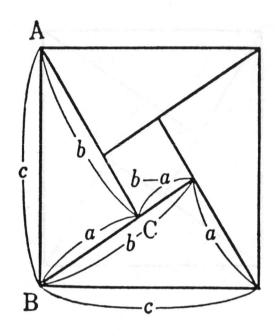

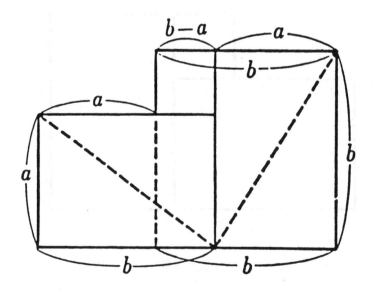

더한 그림이 된다. 따라서,

$$c^2 = a^2 + b^2$$

이다.

(7) 이것은 중국의 매문정(梅文鼎, 1633~1721)과 일본의
타케부 카타히로(建部賢弘, 1664~1739)가 제시한 증명이다.
우선, 직각삼각형 ABC의 빗변 AB 위에 정사각형 ABJK를
그린다. 다음에 점 J, K에서 CB의 연장에 내린 수선의 발을 각각
P, Q라고 한다. 또한, 점 J, A에서 직선 KQ에 내린 수선의 발을
각각 R, S라고 한다.
그렇게 하면 삼각형 AKS를 점A 주위로 직각만큼 회전하면
삼각형 ABC와 겹치고, 삼각형 KJR을 점J 주위로 직각만큼
회전하면 삼각형 BJP와 겹친다. 따라서,

정사각형 ABJK=도형 JPCASR

이다. 그러나

도형 JPCASR=정사각형 JPQR+정사각형 SQCA

그러므로,

정사각형 ABJK=정사각형 JPQR+정사각형 SQCA

즉,

$$c^2 = a^2 + b^2$$

124

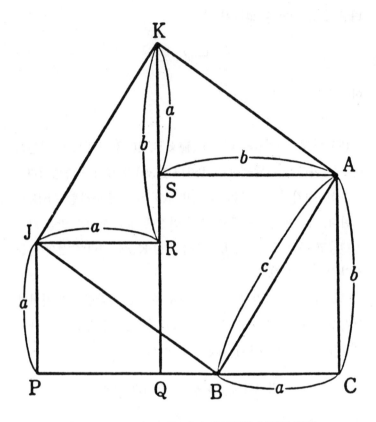

타케부 카타히로(建部賢弘)와 매문정(梅文鼎)의 증명

(8) 다음 페이지, 직각을 낀 2변 위에 그린 정사각형을 적당히 잘라서, 그것으로 빗변 위에 그린 정사각형을 메워 보인다고 하는 몇 가지의 증명을 오오야신이찌(大失眞一) 저 「피타고라스의 정리」에서 인용해 보았다.

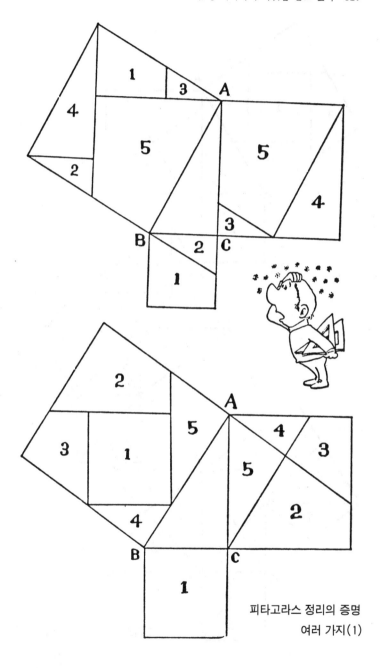

피타고라스 정리의 증명
여러 가지(1)

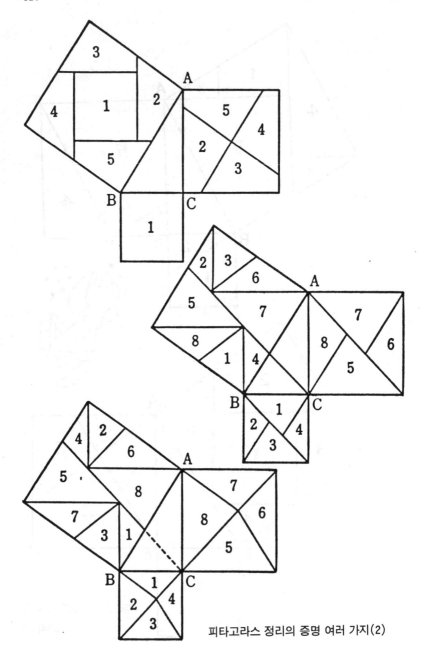

피타고라스 정리의 증명 여러 가지(2)

이것들은 직각을 낀 변 BC와 AC 위에 그린 정사각형을 그림과 같이 분할해서, 그것으로 빗변 AB 위에 그린 정사각형을 메운다고 하는 의미다.

[**질문**] 반경 r인 원의 면적이 πr^2인 이유를 설명해 주십시요.

[**답**]

여러 가지 설명법이 있으리라 생각하는데, 다음은 그 중 하나다.

우선 반경 r인 원을 반경으로 몇 개 등분한다. 다음에 이것을 귤을 둥글게 펴는 요령으로 벌린다. 다음에 이것과 완전히 같은 것을 다시 하나 생각해서 이것들을 그림과 같이 맞물리게 한다.

이렇게 생각해 두고, 원을 등분하는 등분수를 한없이 늘려 나가면 마지막 그림은 세로가 반경의 길이 r이고, 가로가 원주의 길이 $2\pi r$인 직사각형에 가까와져 간다. 따라서, 그 면적은,

$$r \cdot 2\pi r = 2\pi r^2$$

에 얼마든지 가까와져 간다. 생각하고 있는 원의 면적은 이 반이기 때문에,

$$2\pi r^2 \div 2 = \pi r^2$$

이다.

다음도 그 설명법 중 하나다. 우선, O가 중심, r이 반경인

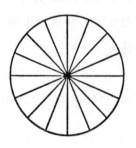

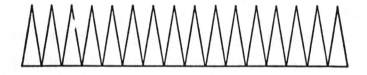

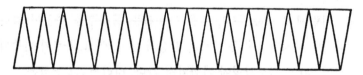

원을 등분으로 나누어 펼친다

원에 정삼각형 ABC가 내접해 있고, 호AB, BC, CA의 중점을 각각 D, E, F라고 하면, 육각형ADBECF는 이 원에 내접하는 정육각형으로써,

$$사각형\ ADBO = \frac{1}{2}AB \cdot r$$

$$사각형\ BECO = \frac{1}{2}BC \cdot r$$

$$\text{사각형 } CFAO = \frac{1}{2} CA \cdot r$$

그러므로, 이것을 변끼리 더해서,

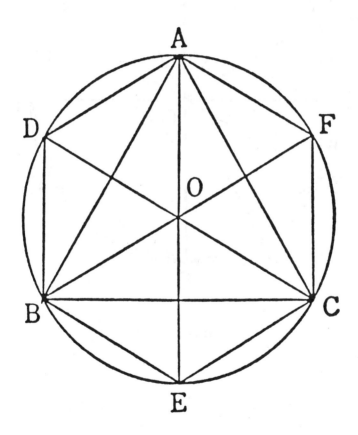

원에 내접하는 정육각형

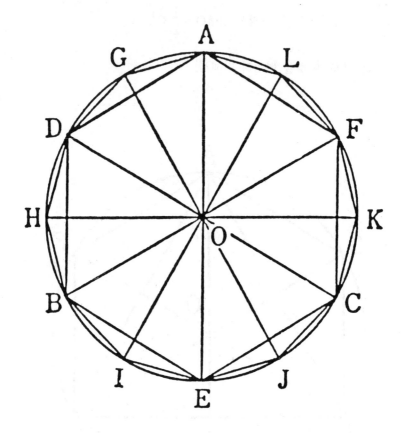

원에 내접하는 정이십각형

$$정육각형 \ ADBECF = \frac{1}{2} (AB+BC+CA)r$$

즉,

$$(정육각형의 \ 면적) = \frac{1}{2} (정삼각형의 \ 주) \cdot r$$

을 얻는다.

다음에, 호AD, DB, BE, EC, CF, FA의 중점을 각각 G, H, I, J, K, L이라고 하면, 십이각형 AGDHBIEJCKFL은 이 원에 내접하는 정십이각형으로써,

$$사각형\ AGDO = \frac{1}{2}\,AD \cdot r$$

$$사각형\ DHBO = \frac{1}{2}\,DB \cdot r$$

$$사각형\ BIEO = \frac{1}{2}\,BE \cdot r$$

$$사각형\ EJCO = \frac{1}{2}\,EC \cdot r$$

$$사각형\ CKFO = \frac{1}{2}\,CF \cdot r$$

$$사각형\ FLAO = \frac{1}{2}\,FA \cdot r$$

그러므로, 이것들을 변끼리 더해서

$$정십이각형\ AGDHBIEJCKFL$$
$$= \frac{1}{2}\,(AD + DB + BE + EC + CF + FA) \cdot r$$

즉,

$$(정십이각형의\ 면적) = \frac{1}{2}\,(정육각형의\ 주) \cdot r$$

을 얻는다. 이 조작을 한없이 계속해 가면 위 식의 **좌변**은 원의 면적에 가까와지고, 우변의 괄호 안은 원주에 가까와져 가기

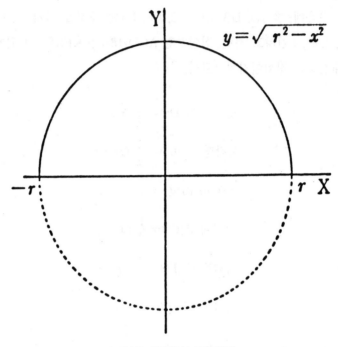

정적분을 사용해서 고찰한다

때문에,

$$(원의 \ 면적) = \frac{1}{2} \, (원주) \cdot r$$

따라서,

$$(원의 \ 면적) = \frac{1}{2} \, (2\pi r) \cdot r = \pi r^2$$

을 얻는다. 만일 정적분을 사용해도 괜찮다면, 그림에서 알 수 있듯이, 정적분.

$$I = \int_{-r}^{+r} \sqrt{r^2 - x^2}\, dx$$

를 계산해서 2배하면 되는 것이다. 지금,

$$x = r \cdot \sin\theta \quad \left(-\frac{\pi}{2} \leqq \theta \leqq \frac{\pi}{2} \right)$$

라고 두면, 생각하고 있는 범위내에서,

$$\sqrt{r^2 - x^2} = \sqrt{r^2 - r^2 \cdot \sin^2\theta} = r \cdot \cos\theta$$

또한,

$$dx = r \cdot \cos\theta d\theta$$

그러므로,

$$I = \int_{-\frac{\pi}{2}}^{+\frac{\pi}{2}} r^2 \cdot \cos^2\theta d\theta$$

$$= \frac{r^2}{2} \int_{-\frac{\pi}{2}}^{+\frac{\pi}{2}} (1 + \cos 2\theta) d\theta$$

$$= \frac{r^2}{2} \left[\theta + \frac{1}{2}\sin 2\theta \right]_{-\frac{\pi}{2}}^{+\frac{\pi}{2}}$$

$$= \frac{1}{2}\pi r^2$$

따라서, 원의 면적 S는, 이 2배인

$$S = 2I = \pi r^2 \quad \text{이다.}$$

[**질문**] 반경 r인 구의 표면적이 $4\pi r^2$으로 주어지는 이유를 설명해 주십시오.

[**답**]

이 설명을 하기 위해서 우선 다음의 준비를 한다. 즉, 평면상에 선분 CD와, 이것과 교차하지 않는 직선 g가 주어지는 경우, 선분 CD를 직선 g 주위로 1회전시키면 다음 그림에서 볼 수 있듯이 스탠드의 것과 같은 곡면이 생긴다.

이제, 선분 CD의 중점 M에서 CD에 세운 수선이 직선 g와 교차하는 점을 O, 점C,D에서 직선g에 내린 수선의 발을 각각 E, F라고 하면, 이 곡면의 측면적은,

$$(2\pi \cdot OM) \cdot EF$$

라는 것을 나타낸다.

이제, 선분 DC의 연장과 직선g와의 교점을 S라고 하면, S를 정점, DF를 반경이라고 하는 원을 밑면으로 갖는 직원뿔의 측면적은,

$$\frac{1}{2}(2\pi \cdot DF) \cdot DS = \pi \cdot DF \cdot DS$$

다.

또한, S를 정점, CE를 반경으로 하는 원을 밑면으로 갖는 직원뿔의 측면적은,

$$\frac{1}{2}(2\pi \cdot CE) \cdot CS = \pi \cdot CE \cdot CS$$

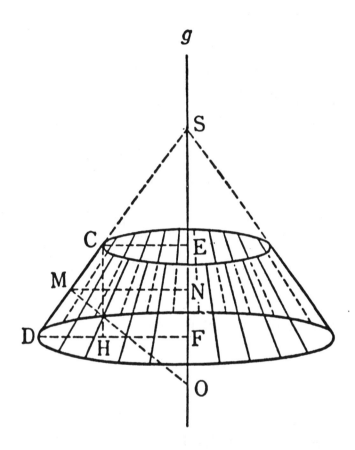

선분CD를 직선g의 주위로 1회전시킨다

다.

따라서, 생각하고 있는 곡면의 측면적은,

(*) $\pi \cdot DF \cdot DS - \pi \cdot CE \cdot CS$

로 주어진다. 그러나

$$\frac{DS}{DF} = \frac{CS}{CE} = \frac{DS-CS}{DF-CE} = \frac{CD}{DF-CE}$$

즉,

$$DS = \frac{DF}{DF-CE} \cdot CD, \quad CS = \frac{CE}{DF-CE} \cdot CD$$

그러므로, 이것을 (*)에 대입하면,

$$\pi \cdot \frac{DF^2}{DF-CE} \cdot CD - \pi \cdot \frac{CE^2}{DF-CE} \cdot CD$$
$$= \pi(DF+CE) \cdot CD$$

다.

그러나 EF의 중점을 N이라고 하면,

$$DF+CE = 2MN$$

그러므로, (*)는 다시

$$(**) \qquad (2\pi \cdot MN) \cdot CD$$

라고 고쳐 쓸 수 있다.

그러나 한편, C에서 DF에 내린 수선의 발을 H라고 하면,

$$\frac{MN}{OM} = \frac{CH}{CD} = \frac{EF}{CD}$$

그러므로,

$$MN \cdot CD = OM \cdot EF$$

따라서, (＊ ＊) 즉 생각하고 있는 곡면의 측면적은,

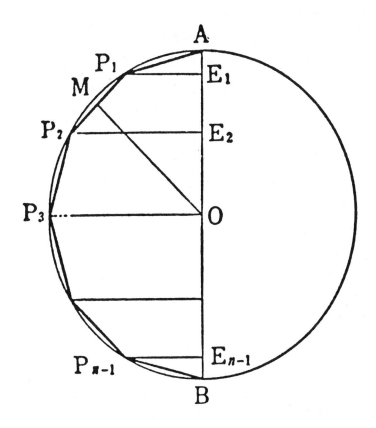

AB를 직경으로 하는 반원주를
AB주위로 1회전시킨다

$$(2\pi OM) \cdot EF$$

라고도 쓸 수 있게 된다. 이것으로 준비 완료다.

그럼, AB를 직경으로 하는 반원주를, 점P_1, P_2, ……, P_{n-1} 로 n등분하여 꺾은 선 $AP_1 P_2$, ……, $P_{n-1} B$를 직경 AB 주위로 1회전해서 얻을 수 있는 곡면을 생각한다.

이제, 점P_1, P_2, ……, P_{n-1}에서 직경 AB에 내린 수선의 발을 각각 E_1, E_2, ……, E_{n-1}이라 하고, 원의 중심 O에서 이 꺾은 선 정다각형의 1변에 내린 수선의 길이를 OM이라고 하면, 이 회전면의 표면적은, 위의 설명에 따라서,

$$(2\pi \cdot OM) \cdot AE_1, \ (2\pi \cdot OM)E_1 E_2, \ \cdots\cdots,$$
$$(2\pi \cdot OM)E_{n-1} B$$

를 전부 합한

$$(2\pi \cdot OM)(AE_1 + E_1 E_2 + \cdots\cdots + E_{n-1}B)$$

즉,

$$(2\pi \cdot OM) \cdot AB$$

로 주어진다.

여기에서 n을 한없이 확대해 가면 생각하고 있는 회전면은 한없이 구에 가까와지고, OM은 한없이 원의 반경 r에 가까와진다.

따라서, 반경 r인 구의 표면적은,

$$(2\pi \cdot r)(2r) = 4\pi r^2$$

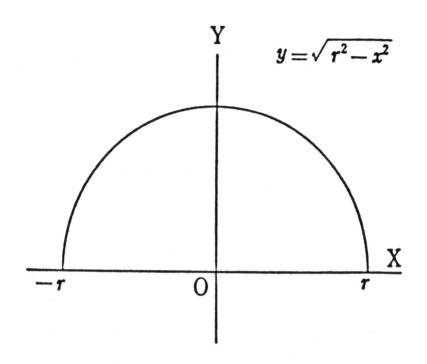

$$y = \sqrt{r^2 - x^2}$$

정적분을 사용해서 고찰한다

으로 주어진다.

정적분을 사용해도 괜찮다고 하면, 반원

$$y = \sqrt{r^2 - x^2}$$

을 x축 주위로 1회전해서 얻을 수 있는 구면의 표면적을 구하면
되니까, 위의 함수를 사용해서,

$$S = 2\pi \int_{-r}^{r} y\sqrt{1+y'^2}\, dx$$

를 계산하면 되는 것이다.

그러나

$$y' = \frac{-x}{\sqrt{r^2-x^2}}$$

$$\sqrt{1+y'^2} = \sqrt{1+\frac{x^2}{r^2-x^2}} = \frac{r}{\sqrt{r^2-x^2}}$$

그러므로,

$$S = 2\pi \int_{-r}^{r} \sqrt{r^2-x^2} \cdot \frac{r}{\sqrt{r^2-x^2}}\, dx = 4\pi r^2$$

이 된다.

[질문] 각뿔이나 원뿔의 체적은 밑면적을 S, 높이를 h라고 하면, $\frac{1}{3}\, S \cdot h$로 주어지는 이유를 설명해 주십시요.

[답]

다음의 설명은 하나의 특별한 각뿔에 대한 설명에 불과하지만 흔히 사용되는 것이다. 우선, 1변의 길이가 a인 정육면체를 생각하고, 그 중심 O와 정육면체의 각 정점을 연결한다. 그렇게 하면 O를 정점으로 하고, 정육면체의 각면을 밑면으로 하는 사각뿔이 6개 생긴다. 그러나 정육면체의 체적은 a^3이므로, 그 하나 하나의 체적은 $\frac{1}{6}\, a^3$이다.

$$S = a^2$$

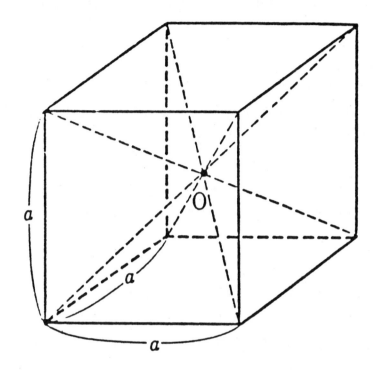

정육면체를 6개의 사각뿔로 분할한다

높이는

$$h=\frac{1}{2}a$$

그러므로, 위 식은,

$$\frac{1}{3}S\cdot h$$

와 같이 고쳐 쓰여지고, 적어도 이 특수한 사각뿔에 대해서는,

$$V = \frac{1}{3} S \cdot h$$

가 증명되게 된다.

　다음의 설명은 카바리에리의 원리를 이용한 설명이다. 여기에 카바리에리의 원리라고 하는 것은 다음의 원리다.

　'일정 방향을 가진 평면에서 두 개의 입체를 절단한 경우, 그 단면의 면적이 항상 같다면 두 개의 입체 체적은 같다.'

　이것을 같은 평면상에 있어서 면적이 같은 밑면을 가지고, 높이가 같은 두 개의 뿔면에 적용시켜 본다.

　이 경우, 이 두 개의 뿔면을 밑면과 평행한 평면으로 자르면, 그 단면의 면적은 항상 같아진다. 따라서, 카바리에리의 원리에 따라서 다음과 같은 사실을 알 수 있다.

　'밑면적이 같고, 높이도 같은 두 개의 뿔면은 같은 체적을 가지고 있다.'

　이상의 사실을 준비로써, 이번에는 직삼각기둥 ABC−DEF 를 생각해 주십시요. 그리고 이것을 세 개의 삼각뿔 ADEF, AEBF, ABCF로 나누었다고 생각해 주십시요.

　이 경우, 삼각뿔 ADEF와 AEBF는 F를 공통의 정점, 삼각형 ADE와 AEB를 밑면으로 생각하면 밑면의 면적은 같아진다.

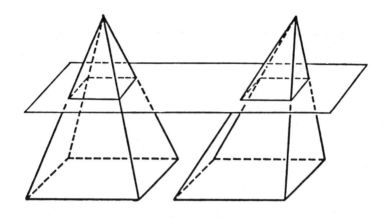

카바리에리의 원리

따라서, 이것들은 같은 체적을 가지고 있다.

또한, 삼각뿔 AEBF와 ABCF는 A를 공통의 정점, 삼각형 EBF
와 BCF를 밑면으로 생각하면 밑면의 면적은 같아진다. 그런
까닭에 이것들은 같은 체적을 가지고 있다. 따라서, 직삼각기둥
ABC−DEF를 세 개의 삼각뿔 ADEF, AEBF, ABCF로 나누면,
그것들은 모두 같은 체적을 가지고 있다.

그러나 이 직삼각기둥의 밑면적을 S, 높이를 h라고 하면, 직삼
각기둥의 체적은 S · h다. 따라서 예를 들면 삼각뿔 ADEF의
체적은,

$$\frac{1}{3}S \cdot h$$

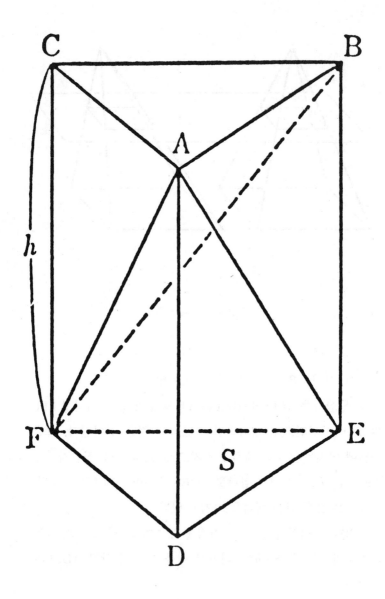

직삼각기둥 ABC－DEF를 생각한다

로 주어진다.

이것을 알면, 밑면적이 S, 높이가 h라는 일반적인 삼각뿔의 체적도 위의 공식으로 주어진다는 것을 알 수 있다.

또한, 밑면적이 S, 높이가 h인 일반적 삼각뿔의 체적도, 밑면을 몇 개의 삼각형으로 나누어 생각하면 위의 공식으로 주어진다는 것을 알 수 있다.

원뿔에 대해서도, 원뿔을 각뿔로 근사해서 생각하면, 그 체적에 대해서 같은 공식이 성립한다는 사실을 증명할 수 있다.

다음에, 삼각뿔의 밑면적을 S, 그 높이를 h라고 하면, 그 체적 V는,

$$V = \frac{1}{3} S \cdot h$$

로 주어진다고 하는 사실을, 구분구적법으로 증명해 본다.

그러기 위해서 삼각뿔 O−ABC를 생각하고, 밑면 ABC의 면적을 S, 높이 OH의 길이를 h라고 한다.

다음에 높이 OH=h를 점P_1, P_2, ……, P_{n-1}로 n등분해서, 이런 분점을 지나고 밑면과 평행한 평면을 그어 이 삼각뿔을 n개의 부분으로 나눈다. 그렇게 하면 단면에 나타나는 삼각형은 모두 삼각형 ABC와 비슷해진다. 그러나 닮은꼴 삼각형의 면적의 비는 대응변의 비의 제곱비와 같기 때문에,

1번상의 단면의 삼각형 면적은 $S \cdot \left(\dfrac{1}{n}\right)^2$

위에서 2번째 단면의 삼각형 면적은

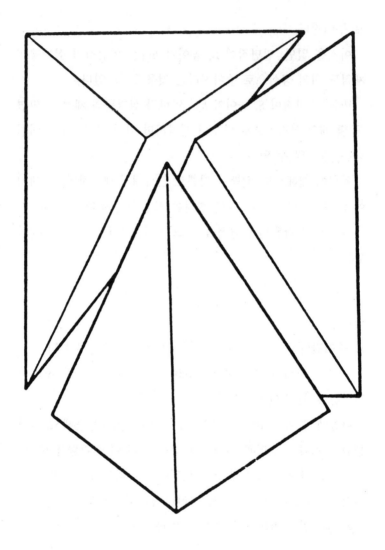

세 개의 삼각뿔

$$S \cdot (\frac{2}{n})^2$$

$$\cdots\cdots\cdots$$

위에서 $n-1$번째 단면의 삼각형 면적은

$$S \cdot (\frac{n-1}{n})^2$$

이 된다.

그런데 여기에서, 1번상, 위에서 2번째, ……, 위에서 $n-1$번째 단면의 삼각형을 윗변으로 하고, $\frac{1}{n} \cdot h$ 를 높이로 하는 삼각기둥을 생각하면, 그 체적의 합은,

$$S \cdot (\frac{1}{n})^2 \cdot \frac{1}{n}h + S \cdot (\frac{2}{n})^2 \cdot \frac{1}{n}h + \cdots\cdots$$
$$+ S \cdot \left(\frac{n-1}{n}\right)^2 \cdot \frac{1}{n}h$$
$$= \frac{1}{n^3} \cdot S\{1^2 + 2^2 + \cdots\cdots + (n-1)^2\}h$$

이다. 여기에서

$$1^2 + 2^2 + \cdots\cdots + (n-1)^2 = \frac{1}{6}n(n-1)(2n-1)$$

이라고 하는 공식을 상기하면, 위의 양은,

$$\frac{1}{n^3} \cdot S \cdot \frac{1}{6}n(n-1)(2n-1)h$$
$$= \frac{1}{6}S\left(1 - \frac{1}{n}\right)\left(2 - \frac{1}{n}\right)h$$

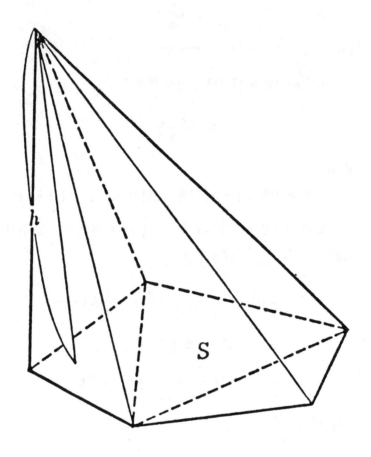

일반 다각뿔의 체적도 밑면을 몇 개의 삼각형으로 나누어 생각하면
구할 수 있다

가 된다. 생각하고 있는 삼각뿔의 체적 V는 이것보다 큰 것은
분명하다.

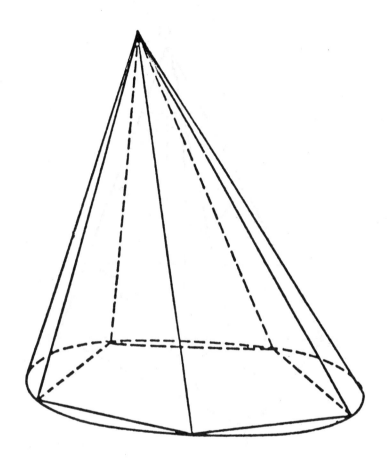

원뿔도 각뿔로 근사해서, 체적을 구할 수 있다

다음에 1번상, 위에서 2번째, ……, 위에서 $n-1$번째 단면의 밑면 ABC를 밑면으로 하고, $\frac{1}{n} \cdot h$를 높이로 하는 삼각기둥을 생각하면, 그 체적의 합은,

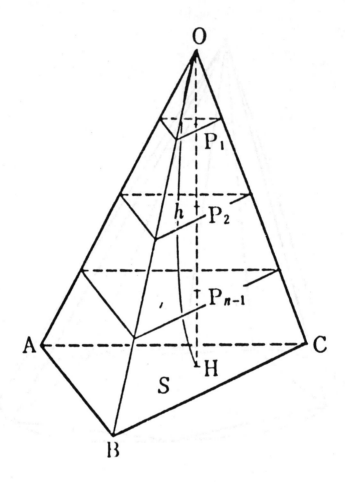

삼각뿔을 n개의 부분으로 나눈다

$$S \cdot (\frac{1}{n}) \frac{1}{n} h + S \cdot (\frac{2}{n}) \cdot \frac{1}{n} h + \cdots\cdots$$

$$+ S \cdot (\frac{n-1}{n})^2 \cdot \frac{1}{n} h + S \cdot (\frac{n}{n})^2 \cdot \frac{1}{n} h$$

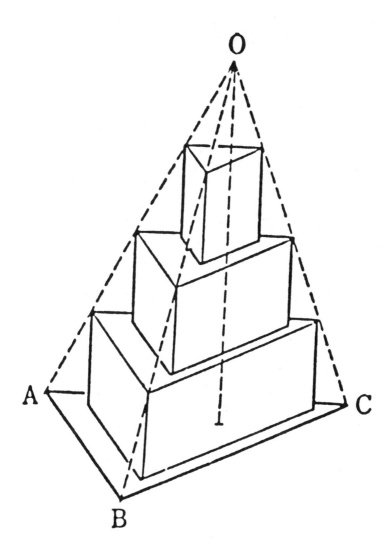

위에서 1번째, 2번째, ……, $n-1$번째 단면의 삼각형을 윗변으로 하고, $\frac{1}{n} \cdot h$를 높이로 하는 삼각기둥을 생각한다

$$= \frac{1}{n} \cdot S\{1^2 + 2^2 + \cdots\cdots + (n-1)^2 + n^2\}h$$

이다. 여기에서,

$$1^2 + 2^2 + \cdots\cdots + (n-1)^2 + n^2 = \frac{1}{6}n(n+1)(2n+1)$$

이라고 하는 공식을 상기하면, 위의 양은,

$$\frac{1}{n^3} \cdot S \cdot \frac{1}{6}n(n+1)(2n+1)h$$
$$= \frac{1}{6}S(1+\frac{1}{n})(2+\frac{1}{n})h$$

가 된다. 생각하고 있는 삼각뿔의 체적 V가 이것보다 작은 것은 분명하다.

이상으로써 우리들은, 부등식

$$\frac{1}{6} \cdot S(1-\frac{1}{n})(2-\frac{1}{n})h < V$$
$$< \frac{1}{6} \cdot S(1+\frac{1}{n})(2+\frac{1}{n})h$$

를 증명한 것이 된다.

여기에서 n을 한없이 확대해 가면 이 부등식의 가장 좌변 은,

$$\frac{1}{6} \cdot S(1-\frac{1}{n})(2-\frac{1}{n})h \rightarrow \frac{1}{3}S \cdot h$$

가장 우변은,

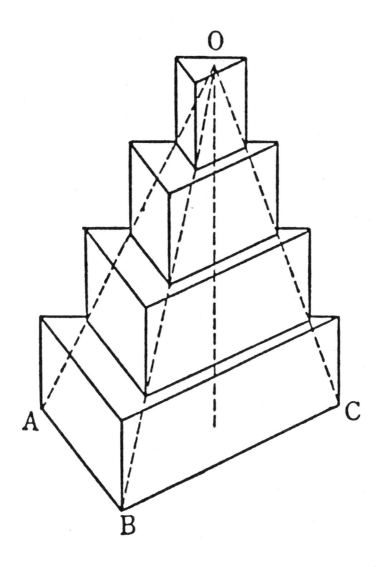

위에서 1번째, 2번째, ……, $n-1$번째 단면과 밑면ABC를 밑면으로 하고, $\frac{1}{n} \cdot h$를 높이로 하는 삼각기둥을 생각한다

$$\frac{1}{6} \cdot S(1+\frac{1}{n})(2+\frac{1}{n})h \rightarrow \frac{1}{3} \cdot S \cdot h$$

가 되기 때문에,

$$V = \frac{1}{3} \cdot S \cdot h$$

가 아니면 안된다.

마지막으로, 정적분을 이용해서 원뿔의 체적을 구해 본다. 그러기 위해서는 선분,

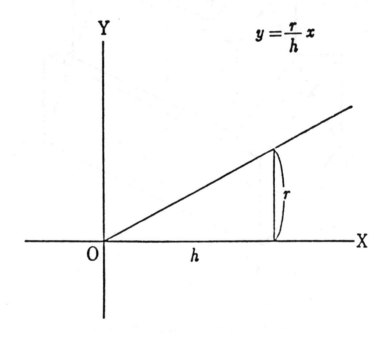

정적분을 사용해서 고찰한다

$$y = \frac{r}{h} x \, (0 \leq x \leq h)$$

를 x축 주위로 1회전해서 얻을 수 있는 입체의 체적,

$$V = \pi \int_0^h y^2 dx$$

를 계산하면 되는 것이다. 그러나 이것은,

$$V = \frac{\pi r^2}{h^2} \int_0^h x^2 dx = \frac{\pi r^2}{h^2} \cdot \frac{1}{3} \cdot h^3 = \frac{1}{3} \pi r^2 h$$

이다. 따라서 밑면의 면적은

$$S = \pi r^2$$

이라는 점에 주의하면,

$$V = \frac{1}{3} \cdot S \cdot h$$

가 된다.

[질문] 반경 r인 구의 체적이 $\frac{4}{3} \pi r^3$인 이유를 설명해 주십시요.

[답]

다양한 설명 방법이 있으리라 생각하지만, 가장 손쉽고 빠르게 이 공식을 생각해 내는데 유효한 방법은 다음과 같은 방법일 것이다.

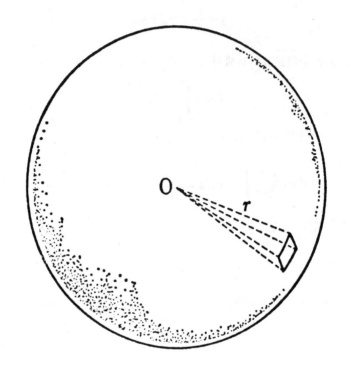

구면을 많은 작은 부분으로 나눠 본다

　우선, 뿔체의 체적은 밑면적과 높이를 곱해서 3으로 나눈 것이라고 하는 사실을 생각해 낸다.

　그리고 다음에, 구면을 많은 작은 부분으로 나누어 구의 중심 O를 정점으로　하고, 이것들을 밑면으로 하는 뿔체를 생각하면, 그 높이는 구의 반경 r이다. 이들 체적 전체를 더한 것이 구의 체적 V이기 때문에,

$$V = \frac{1}{3} \text{(작은 밑면의 면적을 더한 것)} \cdot r$$

$$= \frac{1}{3} \text{(구의 표면적)} \cdot r$$

$$= \frac{1}{3} (4\pi r^2) \cdot r$$

$$= \frac{4}{3} \pi r^3$$

이다.

다음의 방법은 카바리에리의 원리를 이용하는 것이다. 여기에서 카바리에리의 원리라고 하는 것은,

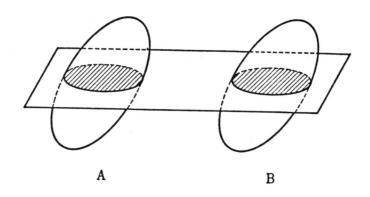

A   B

카바리에리의 원리

'일정 방향을 가진 평면에서 두 개의 입체를 절단한 경우, 그 단면의 면적이 항상 같다면 두 개의 입체 체적은 같다.'

고 하는 것이다.

그럼, 우선 처음에 중심이 O이고 반경이 r인 구를 하나 생각한다. 그리고 다음 그림과 같이 이 구에 외접하는 직원기둥을 생각한다.

다음에, 이 구의 중심 O를 밑면과 평행하게 이동해서 오른쪽 그림을 생각한다. 그리고 이 그림에서 O´를 정점으로 하고, 이 직원기둥의 윗변과 아래변을 밑면으로 하는 직원뿔을 제외한 것을 생각한다.

이렇게 해서 얻어진 두 개의 그림을 밑면과 평행으로 O, O´로부터 거리 h에 있는 평면으로 자른다. 그렇게 하면 왼쪽 그림의 단면에는, 반경이,

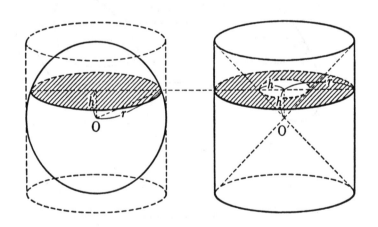

구에 외접하는 직원기둥

$$\sqrt{r^2-h^2}$$

인 원이 나타난다. 따라서, 그 단면의 면적은,

$$\pi(\sqrt{r^2-h^2})^2=\pi(r^2-h^2)$$

이다.

또한, 오른쪽 그림의 단면에는 반경이 r과 h인 동심원 사이의 부분이 나타난다. 따라서, 그 단면의 면적은,

$$\pi r^2-\pi h^2=\pi(r^2-h^2)$$

이다.

따라서, 단면의 면적은 이 경우 항상 같다. 이상의 사실로부터 카바리에리의 원리에 의해 구의 체적은 오른쪽 그림의 입체체적과 같아진다.

그런데 이 경우, 직원기둥 전체의 체적은 밑면의 면적 πr^2과 높이 $2r$을 곱한,

$$\pi r^2 \cdot 2r=2\pi r^3$$

이다.

그러나 O'를 정점으로 하고, 아래변을 밑면으로 하는 직원뿔의 체적은,

$$\frac{1}{3}(\pi r^2) \cdot r=\frac{1}{3}\pi r^3$$

이다. 또한, O'를 정점으로 하고, 윗변을 밑면으로 하는 직원뿔의 체적도,

$$\frac{1}{3}(\pi r^2) \cdot r = \frac{1}{3}\pi r^3$$

이다.

생각하고 있는 입체의 체적은 직원기둥 전체의 체적$2\pi r^3$로부터 이것들을 뺀 것이므로,

$$2\pi r^3 - \frac{1}{3} \cdot \pi r^3 - \frac{1}{3} \cdot \pi r^3 = \frac{4}{3}\pi r^3$$

이 된다. 이것이 반경 r인 구의 체적과 같은 셈이다.

다음에, 소위 구분구적법을 사용하는 설명법을 소개하겠다.

우선, 반경이 r인 반구를 생각해서, 그 중심 O에서 밑면에 수직인 반경 OP를 세운다.

다음에 반경 PO를 점 P_1, P_2, ……, P_{n-1}로 n등분해서, 이 등분점을 지나고 밑면에 평행한 평면으로 이 반구를 자른다. 이 경우 단면은 전부 원이지만,

밑면의 면적은 πr^2

밑에서 1번째 단면의 면적은 $\pi\{r^2 - (\frac{1}{n}r)^2\}$

밑에서 2번째 단면의 면적은 $\pi\{r^2 - (\frac{2}{n}r)^2\}$

………

밑에서 $n-1$번째 단면의 면적은 $\pi\{r^2 - (\frac{n-1}{n}r)^2\}$

이 된다.

이제, 밑에서 1번째, 2번째, ……, $n-1$번째의 단면을 윗변으

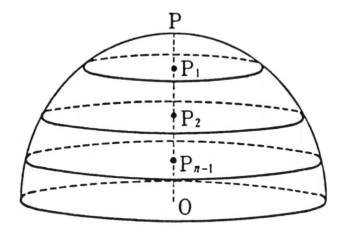

반경PO를 n등분한다

로 하고, $\dfrac{1}{n} r$을 높이로 하는 직원기둥을 생각하면, 그 체적의 합은,

$$\pi\left\{r^2-\dfrac{1}{n^2} r^2\right\} \cdot \dfrac{1}{n} r+\pi\left\{r^2-\dfrac{2^2}{n^2} r^2\right\} \cdot \dfrac{1}{n} r+\cdots\cdots$$
$$+\pi\left\{r^2-\dfrac{(n-1)^2}{n^2} r^2\right\} \cdot \dfrac{1}{n} r$$

즉,

$$\dfrac{1}{n} \pi r^3\left\{(n-1)-\dfrac{1^2+2^2+\cdots\cdots+(n-1)^2}{n^2}\right\}$$

이다. 여기에서,

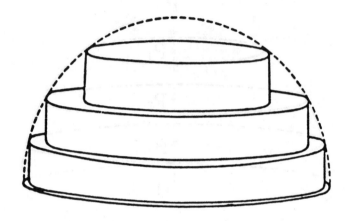

밑에서 1번째, 2번째, ……, $n-1$번째의 단면을 윗변으로 하고, $\dfrac{1}{n} \cdot r$을 높이로 하는 직원기둥

$$1^2+2^2+\cdots\cdots+(n-1)^2=\frac{1}{6}\,n(n-1)(2n-1)$$

이라고 하는 공식을 상기해서 위의 식에 대입하면,

$$\frac{1}{n}\pi r^3\Big\{(n-1)-\frac{1}{6n}(n-1)(2n-1)\Big\}$$

$$=\pi r^3\Big(1-\frac{1}{n}\Big)\Big\{1-\frac{1}{6}\Big(2-\frac{1}{n}\Big)\Big\}$$

을 얻는다. 생각하고 있는 반구의 체적은 이것보다 큰 것이다.

다음에, 밑면, 밑에서 1번째, 2번째, ……, $n-1$번째의 단면을

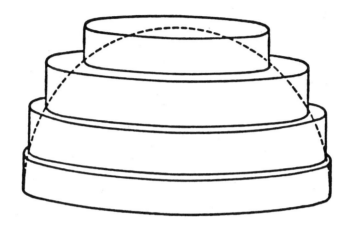

밑면, 밑에서 1번째, 2번째, ……, $n-1$번째의 단면을 아랫변으로 하고, $\frac{1}{n} \cdot r$을 높이로 하는 직원기둥

아래변으로 하고, $\frac{1}{n} \cdot r$을 높이로 하는 직원기둥을 생각하면, 이들 면적의 합은,

$$\pi r^2 \cdot \frac{1}{n}r + \pi \left\{ r^2 - \left(\frac{1}{n}r \right)^2 \right\} \cdot \frac{1}{n}r + \pi \left\{ r^2 - \left(\frac{2}{n}r \right)^2 \right\} \cdot \frac{1}{n}r$$
$$+ \cdots\cdots + \pi \left\{ r^2 - \left(\frac{n-1}{n}r \right)^2 \right\} \cdot \frac{1}{n}r$$

즉,

$$\frac{1}{n}\pi r^3 \left\{ n - \frac{1^2 + 2^2 + \cdots\cdots + (n-1)^2}{n^2} \right\}$$

이다. 여기에

$$1^2+2^2+\cdots\cdots+(n-1)^2=\frac{1}{6}\,n(n-1)(2n-1)$$

을 대입하면,

$$\frac{1}{n}\pi r^3\Big\{n-\frac{1}{6n}(n-1)(2n-1)\Big\}$$
$$=\pi r^3\Big\{1-\frac{1}{6}\Big(1-\frac{1}{n}\Big)\Big(2-\frac{1}{n}\Big)\Big\}$$

을 얻는다. 이것은 생각하고 있는 반구의 체적보다 큰 것이다.

　이상으로써, 반경 r인 반구의 체적은,

$$\pi r^3(1-\frac{1}{n}\,)\{1-\frac{1}{6}\,(2-\frac{1}{n}\,)\}$$
$$<(\text{반구의 체적})<\pi r^3\{1-\frac{1}{6}\,(1\frac{1}{n}\,)(2-\frac{1}{n}\,)\}$$

이라고 하는 부등식을 얻게 된다. 여기에서 n을 한없이 확대해 버리면,

$$\pi r^3\Big(1-\frac{1}{n}\Big)\Big\{1-\frac{1}{6}\Big(2-\frac{1}{n}\Big)\Big\}\longrightarrow\frac{2}{3}\pi r^3$$
$$\pi r^3\Big\{1-\frac{1}{6}\Big(1-\frac{1}{n}\Big)\Big(2-\frac{1}{n}\Big)\Big\}\longrightarrow\frac{2}{3}\pi r^3$$

가 되기 때문에, 여기에서,

$$\text{반구의 체적}=\frac{2}{3}\pi r^3$$

이라고 하는 공식을 얻는다. 따라서,

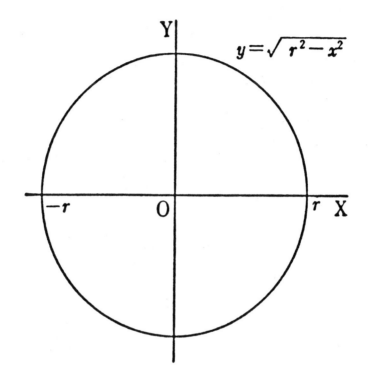

$$y=\sqrt{r^2-x^2}$$

정적분을 사용해서 고찰한다

$$구의\ 체적=\frac{4}{3}\pi r^3$$

이 된다.

　마지막으로 정적분을 사용한 설명을 들어 두겠다. 그러기 위해서는 곡선$y=f(x)$($a\leq x\leq$b로 $f(x)$는 연속)와 2직선 $x=$a, $x=$b, 및 x축으로 둘러싸인 부분을 x축 주위로 회전해서 얻을

수 있는 입체의 체적은,

$$\pi \int_a^{\prime} f(x)^2 dx$$

라고 하는 공식을, 반원

$$y = \sqrt{r^2 - x^2} \, (-r \leq x \leq r)$$

에 적용시키면 되는 것이다. 즉,

$$\pi \int_{-r}^{r} (r^2 - x^2) dx$$

$$= \pi \left[r^2 x - \frac{1}{3} x^3 \right]_{-r}^{r}$$

$$= 2\pi \left[r^3 - \frac{1}{3} r^3 \right]$$

$$= \frac{4}{3} \pi r^3 \quad \text{이다.}$$

[질문] 정다면체에는 정사면체, 정육면체, 정팔면체, 정십이면체, 정이십면체 이렇게 5종류밖에 없다고 하는데, 그것은 어째서인가?

[답]

우선 정다면체라고 하는 것은 그 각면이 모두 합동인 정다각형이고, 더구나 각 정점 부분에 생기는 정다면각도 모두 합동인 다면체임을 상기한다. 그리고 우선 각면이 합동 정삼각형인 정다면체에는 어떤 것이 있는지를 조사해 본다.

하나의 정점 S에 몇 개의 합동인 정삼각형을 모아서 정다면각
을 만드는 것인데, 정삼각형 하나의 내각은 60°로,

$$60° \times 4 = 240° < 360°$$

이므로, 하나의 정점 S 주위에 합동인 삼각형을 세 개 모아서

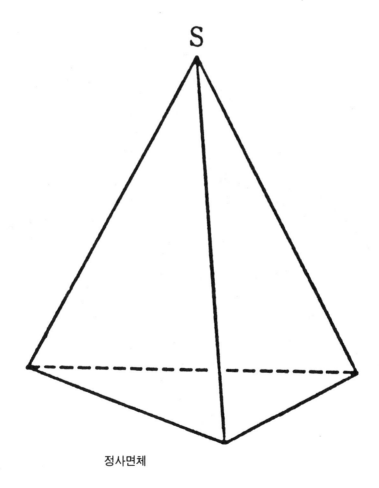

정사면체

하나의 정삼면각을 만들 수 있다.

　이 그림에, 또 하나의 합동인 정삼각형을 밑에서 첨가하면, 이것으로 하나의 정다면체를 만들 수 있는데, 이것은 정사면체다.

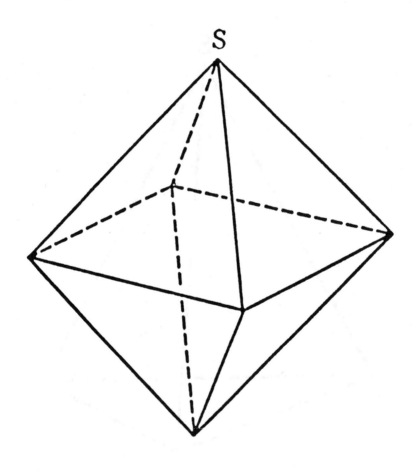

정팔면체

다음에,

$$60° \times 4 = 240° < 360°$$

그러므로, 하나의 정점 S 주위에 합동인 정삼각형을 4개 모아서 하나의 정사면각을 만들 수 있다.

이 그림에 이것과 완전히 똑같은 것을 반대쪽에서 첨가하면, 이것으로 하나의 정다면체를 만들 수 있는데, 이것은 정팔면체다.

다음에,

$$60° \times 5 = 300° < 360°$$

그러므로, 하나의 정점 S 주위에 합동인 정삼각형을 5개 모아서 하나의 정오면각을 만들 수 있다.

각 정점에서 이것과 같은 정오각면을 차례대로 만들어 가면, 이것으로 하나의 정다면체를 얻을 수 있는데, 이것은 정이십면체다.

다음에,

$$60° \times 6 = 360°$$

그러므로, 하나의 정점 S 주위에 합동인 정삼각형을 6개 모아서 하나의 정다면각을 만들 수 없다. 물론, 7개 이상 모아서 하나의 정다면각을 만들 수는 없다.

이상 조사한 바와 같이 각면이 합동 정삼각형인 것 같은 정다면체는 정사면체, 정팔면체, 정십이면체 3종류밖에 없음을 알았다.

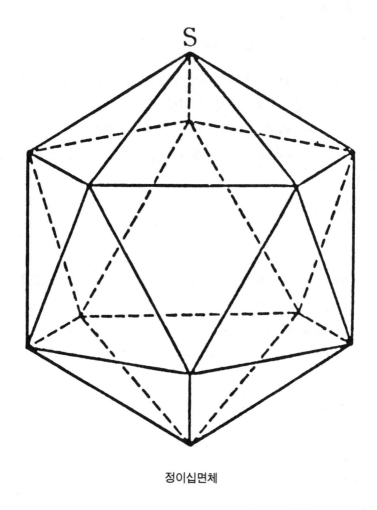

정이십면체

그래서 다음에, 각면이 합동 정사각형인 정다면체에는 어떤
것이 있는지를 조사해 보겠다.

하나의 정점 S 주위에 몇 개의 합동인 정사각형을 모아서 정다면각을 만드는 것인데, 정사각형 하나의 내각은 90°,

$$90° \times 3 = 270° < 360°$$

그러므로, 하나의 정점 S 주위에 합동인 정사각형을 세 개 모아서 하나의 정다면각을 만들 수 있다.

이 그림에 이것과 같은 것을 반대쪽에서 첨가하면, 이것으로

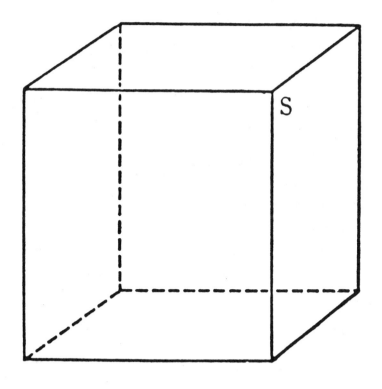

정육면체

하나의 정다면체를 만들 수 있는데, 이것은 정육면체다.

　다음에,

$$90° \times 4 = 360°$$

그러므로, 하나의 정점 S 주위에 합동인 정사각형을 4개 모아서 하나의 정다면각을 만들 수 없다. 물론, 5개 이상 모아서 하나의 정다면각을 만들 수는 없다.

　이상 조사한 바와 같이, 각면이 합동 정사각형인 것 같은 정다면체는 정육면체 하나뿐임을 알았다.

　그래서, 다음에, 각면이 정오각형인 정다면체에는 어떤 것이 있는지를 조사해 보겠다.

　하나의 정점 S 주위에 몇 개의 합동인 정오각형을 모아서 정다면체를 만드는 것인데, 정오각형 하나의 내각은 108°로,

$$108° \times 3 = 324° < 360°$$

그러므로, 하나의 정점 S 주위에 합동인 정오각형을 세 개 모아서 하나의 정삼면각을 만들 수 있다.

　각 정점에서 이것과 같은 정삼면각을 차례차례 만들어 가면, 이것으로 하나의 정다면체를 얻을 수 있는데, 이것은 정십이면체다.

　다음에,

$$108° \times 4 = 432° > 360°$$

그러므로, 하나의 정점 S 주위에 합동인 정오각형을 4개 모아서

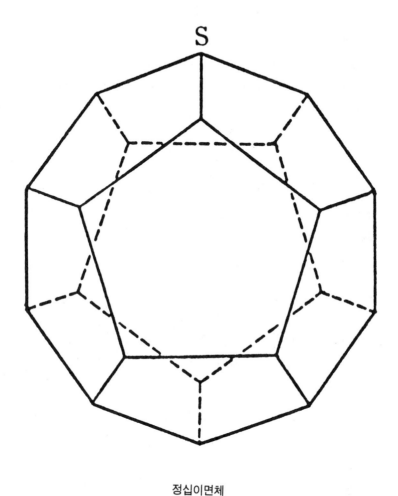

정십이면체

하나의 정다면각을 만들 수는 없다. 물론, 5개 이상 모아서 하나의 정다면각을 만들 수도 없다.

이상 조사한 바와 같이, 각면이 합동 정오각형인 것 같은 정다면체는 정십이면체 하나뿐임을 알았다.

그래서 다음에, 각면이 합동 정육각형인 정다면체를 만들 수 있는지 어떤지를 조사해 보겠다.

하나의 정점 S 주위에 몇 개의 합동인 정육각형을 모아서 정다면체를 만드는 것인데, 정육각형 하나의 내각은 120°로,

$$120° \times 3 = 360°$$

그러므로, 하나의 정점 S 주위에 합동인 정육각형을 3개 모아서 하나의 정삼면각을 만들 수 없다. 물론, 4개 이상 모아서 하나의 정다면각을 만들 수는 없다.

한 정다각형 내각의 크기는 그 변의 수와 함께 증가해 가기 때문에, 한 정점 S 주위에 합동인 정칠각형, 정팔각형,……을 3개, 또는 4개 이상 모아서 정다면각을 만들 수는 없다.

이상 조사한 바와 같이 각면이 정육각형, 정칠각형, 정팔각형……인 정다면체는 존재하지 않는다는 사실을 알았다.

이상 모두를 종합하면, 정다면체에는 정사면체, 정팔면체, 정이십면체, 정육면체, 정십이면체 5종류밖에 없음을 알 수 있다.

[질문] 황금 분할이라고 하는 것은 어떻게 해서 발견되었는가?

[답]

황금 분할이라고 하는 이름은 후세의 것이지만, 그것을 처음

발견한 사람은 그리스의 수학자 피타고라스(기원전 572 ～ 492) 이다.

 그는 우선 정오각형 ABCDE를 생각했다. 그리고 대응선 AD 와 BE의 교점을 P라고 한다. 이 때, 우선, BA＝CD이다. 그러나 사변형 BCDP는 평행사변형이기 때문에,

$$CD＝BP$$

이다. 따라서,

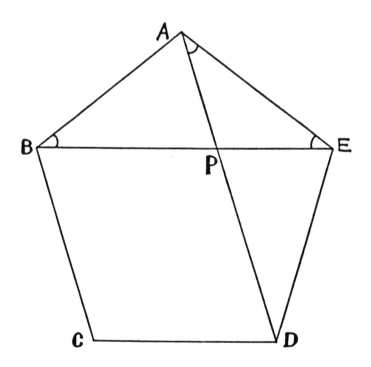

피타고라스 선생, 황금 분할을 가르친다

$$BA = BP$$

이다.

한편, 이등변삼각형 ABE와 이등변삼각형 EAD는 합동이므로,

$$\angle ABE = \angle AEB = \angle EAD$$

이다. 따라서 삼각형 ABE와 삼각형 PEA는 닮은 꼴이다. 즉,

$$\triangle ABE \backsim \triangle PEA$$

여기에서,

$$\frac{BE}{AB} = \frac{AE}{PE}$$

를 얻는다. 여기에 AB=BP, AE=BP를 대입하면,

$$\frac{BE}{BP} = \frac{BD}{PE}$$

가 된다. 선분 BE 위에 1점 P를 잡았을 때에, 이 식이 성립할 때 점P는 BE를 황금 분할한다고 한다. 이제,

$$BE = a, \ BP = x$$

로 두고, x를 a로 표시해 봅시다. 위의 황금 분할식에,

$$BE = a, \ BP = x, \ PE = a - x$$

를 대입하면,

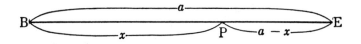

황금 분할을 구한다

$$\frac{a}{x}=\frac{x}{a-x}$$

따라서, 여기에서

$$x^2+ax-a^2=0$$

을 얻는다. 이것은 x에 관한 2차방정식이기 때문에, 2차방정식의
해의 공식을 사용해서 이것을 풀면,

$$x=\frac{-a\pm\sqrt{a^2+4a^2}}{2}$$

즉,

$$x=-\frac{a}{2}\pm\frac{\sqrt{5}}{2}a$$

를 얻는다. 그러나

$$x=-\frac{a}{2}-\frac{\sqrt{5}}{2}a$$

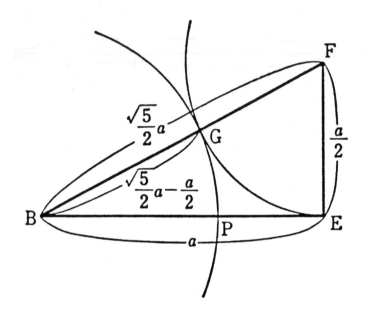

$\dfrac{\sqrt{5}}{2}a$

G

$\dfrac{\sqrt{5}}{2}a - \dfrac{a}{2}$

$\dfrac{a}{2}$

B

P

E

F

a

황금 분할의 작도법

는 음이므로, 이것은 버리고,

$$x = \frac{\sqrt{5}}{2}a - \frac{a}{2}$$

를 얻는다.

　따라서, 이것으로부터 다음의 황금 분할 작도법을 얻는다.

　우선 길이 a인 선분 BE를 긋는다. 다음에 그 끝 E에서 BE 에 수선을 세우고, 그 위에,

$$EF = \frac{a}{2}$$

가 되도록 점 P를 잡고, B와 F를 연결한다. 그렇게 하면 피타고라스의 정리에 의하여,

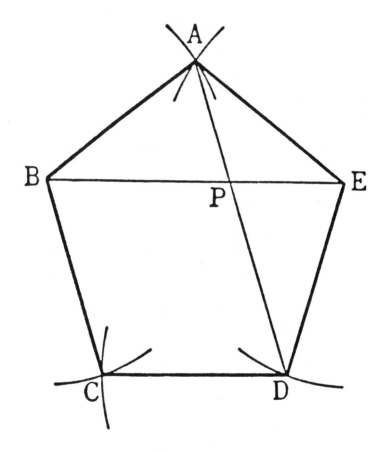

황금 분할로부터 정오각형을 구한다

180

$$BF = \sqrt{a^2 + \left(\frac{a}{2}\right)^2} = \frac{\sqrt{5}}{2}a$$

가 된다. 따라서 F를 중심, FE를 반경으로 하는 원을 그려서 BF와의 교점을 G라고 하면,

$$BG = \frac{\sqrt{5}}{2}a - \frac{a}{2}$$

따라서, B를 중심, BG를 반경으로 하는 원과 주어진 선분 BE와의 교점을 P라고 하면, P가 구하는 점이다.

앞의 이야기로부터도 알 수 있듯이, 이 방법으로 주어진 선분 BE를 황금 분할하면, 그것을 이용해서 BE를 대각선의 길이로 하는 정오각형을 그릴 수 있다. 즉, 우선 B, E를 중심으로 하고, BP의 길이를 반경으로 하는 원을 그려서 그 교점을 A라고 한다. 다음에 AP의 연장과 E를 중심으로 하고, EA를 반경으로 하는 원의 교점을 D라고 한다. 다음에 B, D를 중심으로 하고 BA를 반경으로 하는 원을 그려서, P 이외의 교점을 C라고 하면, 오각형 ABCDE는 BE를 대각선으로 하는 정오각형이다.

이번에는 황금 분할식

$$\frac{BE}{BP} = \frac{BP}{PE}$$

에서, BP=a가 주어졌다고 하고,

$$BE = x$$

의 길이를 구해 본다.

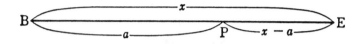

황금 분할의 식으로부터 정오각형의 대각선 길이를 구한다

$$BE=x,\ BP=a,\ PE=x-a$$

를 황금 분할식에 대입하면,

$$\frac{x}{a}=\frac{a}{x-a}$$

따라서, 여기에서

$$x^2+ax-a^2=0$$

을 얻는다. 이것은 x에 관한 2차방정식이므로, 2차방정식의 해의 공식을 이용해서 이것을 풀면,

$$x=\frac{a\pm\sqrt{a^2+4a^2}}{2}$$

즉,

$$x=\frac{a}{2}\pm\frac{\sqrt{5}}{2}a$$

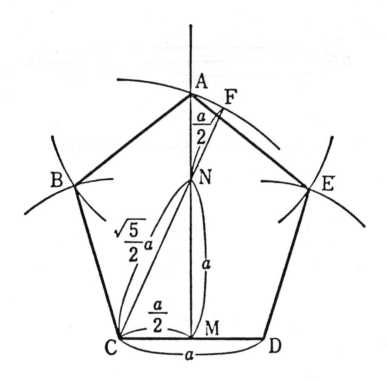

황금 분할로부터 정오각형을 작도한다

를 얻는다. 그러나,

$$x = \frac{a}{2} - \frac{\sqrt{5}}{2}a$$

는 음이므로, 이것은 버리고,

$$x = \frac{\sqrt{5}}{2}a + \frac{a}{2}$$

를 얻는다.

이것은 1변이 a인 정오각형의 대각선 길이를 준 것이기 때문에, 여기에서 1변의 길이가 주어진 경우의, 다음과 같은 정오각형의 작도법을 얻는다.

우선, 1변의 길이가 a인 선분 CD를 긋는다. 다음에 CD의 중점 M에서 여기에 수선을 세우고, 그 위에,

$$MN = a$$

가 되는 점N을 잡는다. 그렇게 하면 피타고라스의 정리에 의해,

$$CN = \sqrt{\left(\frac{a}{2}\right)^2 + a^2} = \frac{\sqrt{5}}{2}a$$

이다. 다음에 CN 연장상에

$$NF = \frac{a}{2}$$

인 것 같은 점 F를 잡으면,

$$CF = \frac{\sqrt{5}}{2}a + \frac{a}{2}$$

가 되기 때문에, C를 중심, CF를 반경으로 하는 원이 MN의 연장과 교차하는 점을 A라고 하면, A는 구하는 정오각형의 하나의 정점이다.

따라서 A, C를 중심으로 하고 a를 반경으로 하는 원의 교점을 B, A, D를 중심으로 하고 a를 반경으로 하는 원의 교점을 E라고 하면, 오각형 ABCDE가 구하는 정오각형이다.

[질문] 비유클리드 기하학은 어떤 경유를 거쳐서 생긴 것인가?

[답]

유클리드(기원전300년경)는 그 기하학을 전개하기 위한 기초로써 다음과 같은 5개의 공리와 5개의 공준을 두었다.

공리1 같은 물체에 상등한 것은 또한 서로 상등하다.

공리2 상등한 것에 상등한 것을 더하면 결과도 역시 상등하다.

공리3 상등한 것에서 상등한 것을 빼면 결과도 역시 상등하다.

공리4 서로 겹치는 것은 상등하다.

공리5 전체는 그 부분보다 크다.

공준1 임의의 점과 다른 임의의 점을 연결하는 단 1개의 직선을 그을 수 있다.

공준2 임의의 선분은 이것을 어느 쪽으로도 한없이 연장할 수 있다.

공준3 임의의 점을 중심으로 하고, 임의의 길이를 반경으로 해서 원을 그릴 수 있다.

공준4 직각은 모두 상등하다.

공준5 2직선이 1직선과 교차하고 있을 때, 만일 그 같은 쪽에 있는 내각의 합이 2직각 보다도 작다면, 2직선을 그쪽으로 연장해 가면 반드시 교차한다.

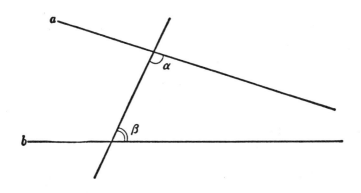

$\alpha + \beta < 2\angle R$ 이면, a, b 는 교차한다

이런 공리와 공준 중 제5번째의 공준은 다른 공리, 공준과 비교해서 정확히 그림을 그려보지 않으면 알기 어려울 만큼 복잡하다.

그래서 사람들은 이 제5번째의 공준을 더 알기 쉬운 형태로 바꿔 말하는데 노력을 기울였다.

이 유클리드의 제5번째의 공준을 바꿔 말한 것 중에서 가장 유명한 것은 스코틀랜드의 수학자 플레페어(1748~1819)가

서술한 다음의 평행선 공리다.

평행선 공리 : 평면상에서 주어진 직선 외의 한 점을 지나고, 주어진 직선에 평행한 직선은 단 1개 그을 수 있다.

또한, 다음의 공리도 유클리드의 제5번째의 공준을 바꿔 말한 것임을 알 수 있다.

1. 동일 평면상에 있어서, 그 사이의 거리가 항상 일정한 것 같은 2직선이 존재한다.
2. 닮은꼴이지만 합동은 아닌 1조의 삼각형이 존재한다.
3. 사각형에 있어서 그 세 개의 내각이 직각이라면 4번째의 내각도 직각이다.
4. 그 내각의 합이 2직각인 것 같은 적어도 하나의 삼각형이 존재한다.

그런데 유클리드 이후 2,000년간이나 수학자들은 다른 공리와 공준을 사용해서 유클리드의 제5번째의 공준을 증명하려고 노력해 왔지만, 여기에 성공한 사람은 없었다.

그런데 이탈리아의 수학자 사케리(1667~1733)는 다음의 시도를 했다.

우선 사케리는 유클리드의 제5공준을 사용하지 않고 다음과 같은 사실을 증명했다. 즉, 사각형ABCD에서 각A와 각B가 모두 직각이고, 더구나 AD=BC라면 각D와 각C도 같다. 따라서 다음

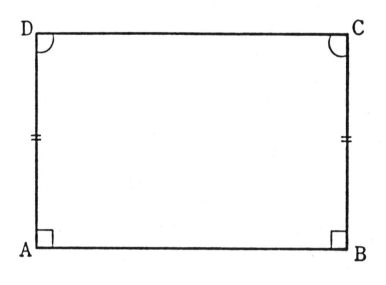

사케리가 사용한 도형

의 3가지 경우가 있을 수 있는 것이다.

Ⅰ 각D와 각C는 예각이다.
Ⅱ 각D와 각C는 직각이다.
Ⅲ 각D와 각C는 둔각이다.

그리고 사케리는 Ⅰ의 경우를 가정하는 것을 예각 가정, Ⅱ의 경우를 가정하는 것을 직각 가정, Ⅲ의 경우를 가정하는 것을 둔각 가정이라고 불렀다.

그런데 사케리의 연구 방침은 예각 가정도, 둔각 가정도 반드시 모순을 이끌어내고 따라서 직각 가정만 채용해야 하지만, 이 직각 가정이 성립하면 유클리드의 제5공준이 성립함을 증명한다고 하는 것이었다.

유클리드도 그렇게 했지만, 사케리도 직선은 무한의 길이를 가지고 있다고 가정하면 둔각 가정은 성립하지 않는다는 사실을 증명할 수 있었다. 예각 가정은 이것보다 어려워서, 사케리는 예각 가정에서 이끌어낼 수 있는 여러 가지 정리를 이끌어 내면서 모순이라고 말할 수 없는 것을 모순이라 하고, 그 연구를 중단해 버렸다. 만일 그가 이것을 모순이라 하지 않고 더 연구를 계속했다면 비유클리드 기하학 발견의 영예는 그의 두상에 빛났

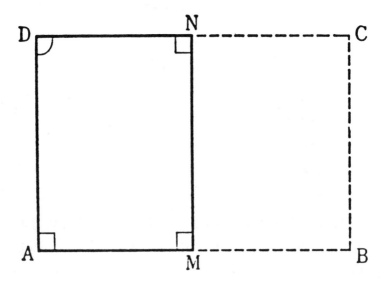

랑베르트가 사용한 도형

을텐데, 애석한 일이다.

그런데 사케리가 이상의 연구를 발표하고 나서 33년 후에, 독일의 수학자 랑베르트(1728~1777)는 평행선의 이론이라고 하는 논문을 썼는데, 이것은 랑베르트 사후 11년이나 지나서 겨우 인쇄 공표되었다.

랑베르트가 사용한 도형은 정확하게 사케리가 사용한 도형의 반이다. 세 개의 직각을 내각으로 가진 사변형이었다. 그리고 랑베르트는,

I 제4의 내각이 예각이다.
II 제4의 내각이 직각이다.
III 제4의 내각이 둔각이다.

라고 하는 세가지 경우를 연구했다. 이것이 각각 사케리의 예각 가정, 직각 가정, 둔각 가정에 대응하고 있음은 물론이다.

그는 이런 각각의 가정하에 연구를 계속하여,

I의 가정하에서는 삼각형 내각의 합은 2직각보다 작고,

II의 가정하에서는 삼각형 내각의 합은 2직각과 같고,

III의 가정하에서는 삼각형 내각의 합은 2직각보다 크다는 것을 증명했다. 그리고 다시 랑베르트는, I의 경우는 2직각에서 세 개의 내각의 합을 뺀 것, III의 경우에는 세 개의 내각의 합에서 2직각을 뺀 것이 삼각형의 면적에 비례한다는 것을 증명했다.

그런데 이 III의 경우, 삼각형 내각의 합이 2직각보다 크고,

190

내각의 합에서 2직각을 뺀 양이 이 삼각형의 면적에 비례한다고
하는 것은, 구면상에서 큰 원을 직선으로 생각하고 삼각형을
만들었을 때에 발생하는 현상이다.

이것으로부터 랑베르트는 Ⅰ의 경우, 삼각형 내각의 합이
2직각보다 작고, 2직각에서 내각의 합을 뺀 양이 삼각형의 면적
에 비례한다고 하는 것은, 허의 반경 ia를 가진 구면상에서 발생

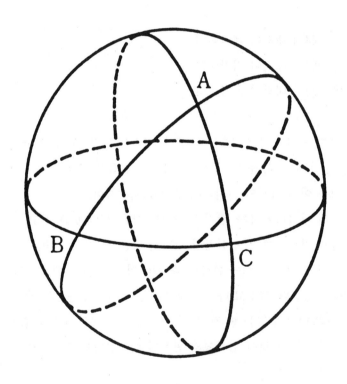

구면상의 삼각형

하는 현상일 것이라고 예상하고 있다. 이것은 나중에, 사실 그렇다고 하는 것이 증명되었다. 즉, 이 현상은 곡률이 양의 일정값 $\frac{1}{a^2}$ 이 아니라 음의 일정값 $-\frac{1}{a^2}$ 을 가진 곡면상에서 발생한다는 사실이 증명되었다.

게다가 프랑스의 수학자 르장드르(1752~1833)는,

I 삼각형 내각의 합은 2직각보다 작다.
II 삼각형 내각의 합은 2직각이다.
III 삼각형 내각의 합은 2직각보다 크다.

고 하는 각각의 가정에서 출발하여 연구를 진행시켰다. 그리고 그는 만일 직선의 길이가 한없이 길다고 가정하면, 위의 III의 경우는 발생하지 않음을 증명했다. 그는 대단한 노력을 기울였지만 I의 경우가 발생하지 않음을 증명할 수 없었다.

그런데 I의 경우를 아무리 연구해도 그로부터 모순이 발생하지 않는 것은 당연했다. 왜냐하면, 지금은 분명히 알고 있듯이, 이 I이라고 하는 가정 하에 유클리드 기하학과 같이 모순을 포함하지 않은 기하학을 전개할 수 있기 때문이다. 즉, 평행선 공리는 다른 공리, 공준과 완전히 독립적이었던 것이다. 즉 평행선 공리는 다른 공리와 공준으로부터는 이끌어낼 수 없는 것이었다.

물론, I이라고 하는 가정에서 출발하여 얻을 수 있는 정리 중에는 유클리드 기하학의 정리와 모순되는 것이 있다. 그러나 I이라고 하는 가정에서 출발하여 얻을 수 있는 정리 사이에는

모순이 없는 것이다.

그런데 이렇게 해서 새로운 기하학의 가능성을 비로소 깨달은 사람은 독일의 수학자 가우스(1777~1855), 러시아의 수학자 로바체프스키(1793~1856), 헝가리의 수학자 볼리아이(1802~1860) 세 사람이었다.

이 세 사람은 다음과 같은 세 가지 경우를 생각했다.

Ⅰ 평면상에서 주어진 직선*l* 이외의 한 점 P를 지나고, 직선*l* 과 교차하지 않는 직선은 무수히 그을 수 있다.

Ⅱ 평면상에서 주어진 직선*l* 이외의 한 점 P를 지나고, 직선*l* 과 교차하지 않는 직선은 단 1개 그을 수 있다.

Ⅲ 평면상에서 주어진 직선*l* 이외의 한 점 P를 지나고, 이 직선과 교차하지 않는 직선은 그을 수 없다.

이것들이 각각 예각 가정, 직각 가정, 둔각 가정에 대응하고 있음은 물론이다. 앞과 마찬가지로 직선은 무한의 길이를 가지고 있다고 가정하면, 위의 Ⅲ의 경우는 일어나지 않는다는 사실이 증명된다.

위의 세 사람의 수학자는 각각 독립적으로 이 Ⅰ이라고 하는 가정에서 출발하여 추론을 진행시켜 갔다.

가우스는 이 Ⅰ이라고 하는 가정에서 출발한 기하학에 대해서 상당히 깊이 파고 들어간 결과를 얻고 있었음에 틀림없지만, 그는 이 점에 관해서는 아무것도 발표하고 있지 않기 때문에, 비유클리드 기하학 발견의 영예는 로바체프스키와 볼리아이

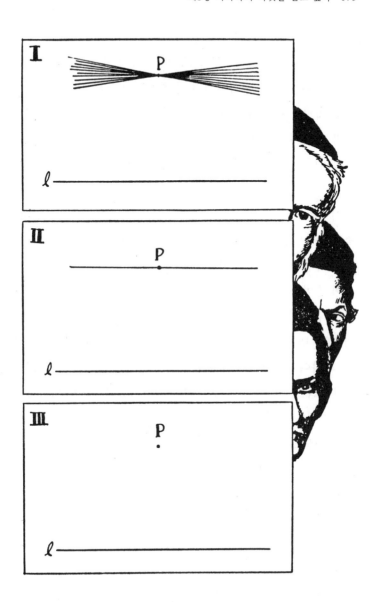

세 가지의 경우

194

두 사람에게 돌아가게 되었던 것이다.

　로바체프스키는 그 연구를 1829년부터 30년에 걸쳐서 발표했지만, 그가 유럽의 중심에서 멀리 떨어진 곳에서, 더구나 러시아어로 이것을 발표했기 때문에 그의 연구 성과가 사람들 사이에 널리 알려지기까지는 상당한 시간을 요했다.

　볼리아이는 그 연구를 1832년에 아버지의 책 부록에 발표했다.

　이상과 같은 사정이기 때문에, 이 Ⅰ이라고 하는 가정에서 출발하여 얻을 수 있는 기하학은 현재, '로바체프스키·볼리아이의 비유클리드 기하학'이라 불리고 있다.

　이 Ⅰ이라고 하는 가정이 사실 유클리드가 둔 다른 공리, 공준과 독립적이라고 하는 사실은, 베르트라미(1835~1900), 켈리(1821~1895), 클라인(1849~1925), 폴안카레(1854~1912)등에 의하여 유클리드 기하학 중에 로바체프스키·볼리아이의 비유클리드 기하의 모형을 만들어 증명되었다. 따라서 유클리드 기하학에 모순이 없다면 로바체프스키·볼리아이의 비유클리드 기하학에도 모순은 없게 된다.

　그런데 위의 Ⅲ이라고 하는 가정에서 출발해도 모순이 없는 기하학을 얻을 수 있다고 하는 사실은 리만(1826~1866)에 의해 1854년에 그의 강연「기하학의 기초를 이루는 가정에 대해서」로 증명되었다.

　[질문] 뫼비우스의 띠와 클라인의 단지는 무엇 때문에 고안되었는가?

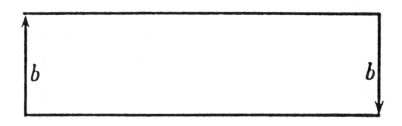

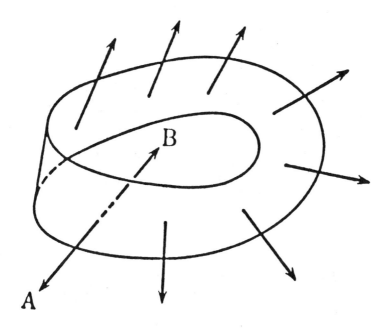

뫼비우스의 띠를 만든다

[답]

　우선 뫼비우스의 띠는 다음과 같이 만든다. 가늘고 긴 직사각
형의 종이를 한번 비틀어서 그 대변을 맞붙이면 그림과 같은

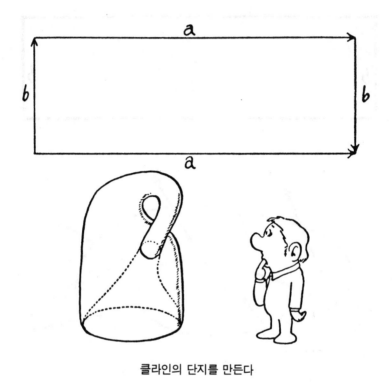

클라인의 단지를 만든다

곡면이 생기는데, 이것은 겉과 속을 구별할 수 없는, 즉 면을 정할 수 없는 곡면이다.

사실 그림의 A쪽을 겉이라 생각하고 곡면을 따라서 움직여 가면 B쪽으로 와 버리기 때문에, 이 곡면에서는 어느 쪽을 겉이라고도 속이라고도 말할 수 없는 것이다.

다음에 클라인의 단지는 다음과 같이 만든다. 하나의 직사각형 종이를 윗변 a와 아랫변 a는 그대로 면끼리 맞붙여 하나의 원기둥을 만든다. 다음에 이 원기둥을 한번 비틀어서, 좌우 두 개의 b는 거꾸로 된 면이 만나도록 붙인다.

이것은 사실 3차원의 공간에서 실현할 수 없지만, 보통은 그림과 같은 모형으로 나타낸다.

이것은 뫼비우스의 띠와 마찬가지로 면을 결정할 수 없는 곡면이다.

요컨대, 뫼비우스의 띠와 클라인의 단지는 면을 설정할 수 없는 곡면의 예를 주기 위해서 고안된 것이다.

[질문] 다음 문제의 해답을 가르쳐 주십시오.

1변의 길이가 a인 정사각형 $ABCD$의 각 정점을 중심으로 하고, a를 반경으로 하는 4분원을 정사각형 내부에 그린다.

이 때 생기는 빗금을 친 도형 $PQRS$의 면적을 a로 표시해 주십시오.

[답]

이것은 중학교 수학으로 풀 수 있는 유명한 난문의 하나다. 다음의 순서로 풀어 보면 어떨까?

(1) 부채꼴 BCS의 면적

우선 삼각형 BCS는 정삼각형이다. 따라서,

$$\angle BCS = 60°$$

이다. 따라서 부채꼴 BCS의 면적은,

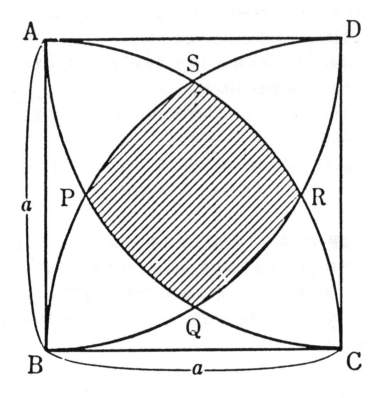

도형PQRS의 면적을 구한다

$$\pi a^2 \times \frac{60°}{360°} = \frac{1}{6}\pi a^2$$

이다.

(2) 삼각형 SBC의 면적

삼각형 SBC는 1변의 길이가 a인 정삼각형이기 때문에, S에서

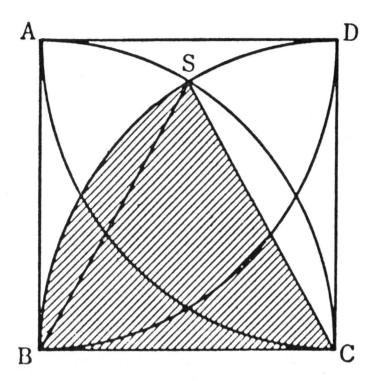

부채꼴BCS의 면적을 구한다

BC에 내린 수선의 발을 H라고 하면,

$$SH = \frac{\sqrt{3}}{2}a$$

이다. 따라서 삼각형 SBC의 면적은,

$$\frac{1}{2} \cdot a \cdot \frac{\sqrt{3}}{2}a = \frac{\sqrt{3}}{4}a^2$$

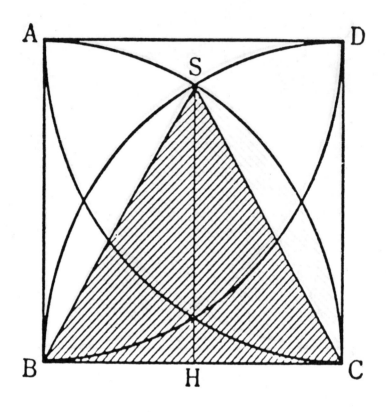

정삼각형 SBC의 면적을 구한다

이다.

(3) 활꼴 SPB의 면적

이것은 (1)의 부채꼴 BCS의 면적에서 (2)의 삼각형 SBC의
면적을 빼서 얻을 수 있다. 즉,

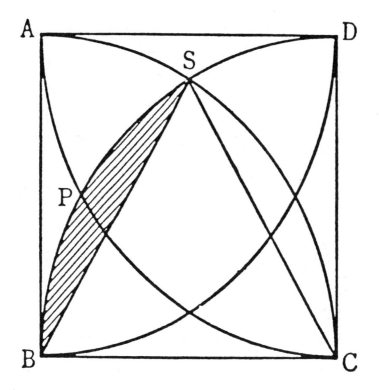

활꼴 SPB의 면적을 구한다

$$\frac{1}{6}\pi a^2 - \frac{\sqrt{3}}{4}a^2$$

(4) 부채꼴 ABS의 면적

삼각형 SBC는 정삼각형이므로,

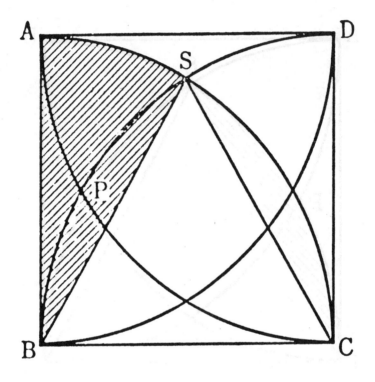

부채꼴ABS의 면적을 구한다

$$\angle SBC = 60°$$

따라서

$$\angle ABS = 90° - 60° = 30°$$

이다. 따라서 부채꼴 ABS의 면적은,

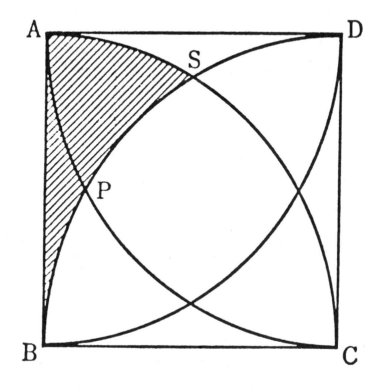

도형ABPS의 면적을 구한다

$$\pi a^2 \times \frac{30°}{360°} = \frac{1}{12}\pi a^2$$

이다.

(5) 도형 ABPS의 면적

이것을 구하기 위해서는 (4)에서 얻은 부채꼴 ABS의 면적에

서 (3)에서 얻은 SPB의 면적을 빼면 되는 것이다. 따라서,

$$\frac{1}{12}\pi a^2 - \left(\frac{1}{6}\pi a^2 - \frac{\sqrt{3}}{4}a^2\right) = \frac{\sqrt{3}}{4}a^2 - \frac{1}{12}\pi a^2$$

(6) 도형PQRS의 면적

여기에서 질문에 있는 처음의 도형을 보아주십시요. 이제 아셨으리라 생각한다. 마지막으로 도형PQRS의 면적을 구하기 위해서는 정사각형ABCD의 면적 a^2에서 (5)에서 구한 도형 ABPS 의 면적 4개분을 빼면 되는 것이다. 즉,

$$a^2 - 4\left(\frac{\sqrt{3}}{4}a^2 - \frac{1}{12}\pi a^2\right) = \left(1 + \frac{1}{3}\pi - \sqrt{3}\right)a^2$$

이다.

[**질문**] 다음 문제의 해답을 가르쳐 주십시요.

정각A가 $20°$인 이등변삼각형 ABC가 있다. 이제, 변AB와 $20°$의 각을 이루는 직선을 삼각형 내부에 그어서, 그것과 변AC 와의 교점을 D라 한다.

이 때, 각 BDE는 몇 도인가?

[**답**]

이것도 중학교 수학으로 풀 수 있는 유명한 난문의 하나다. 여러 가지 해법이 있으리라 생각하는데, 이하는 그 중 하나다.

우선, 삼각형ABC는 정각A가 20°인 이등변삼각형이기 때문에, ∠ABC와 ∠ACB는 같고, 그 크기는,

$$\angle ABC = \angle ACB = \frac{1}{2}(180° - 20°) = 80°$$

이다. 따라서,

$$\angle BCE = 80° - 30° = 50°$$

이다. 따라서 삼각형BCE를 생각하면,

$$\angle BEC = 180° - (80° + 50°) = 50°$$

이다. 따라서 삼각형 BCE는 B를 정점으로 하는 이등변삼각형으로,

$$BC = BE$$

가 된다.

다음에, B에서 변BC와 20°의 각을 이루는 직선을 삼각형 안에 그어서 AC와의 교점을 F라고 하면, 삼각형 BCF에서,

$$\angle BFC = 180° - (20° + 80°) = 80°$$

따라서,

$$\angle BCF = \angle BFC = 80°$$

그러므로 삼각형 BCF는 B를 정점으로 하는 이등변삼각형이 되어,

$$BC = BF$$

가 된다. 그런데 이상에서

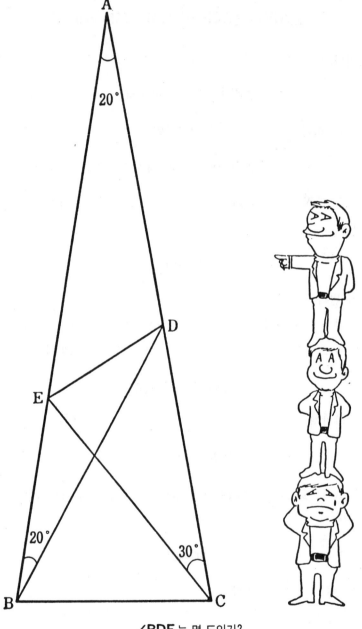

∠BDE 는 몇 도인가?

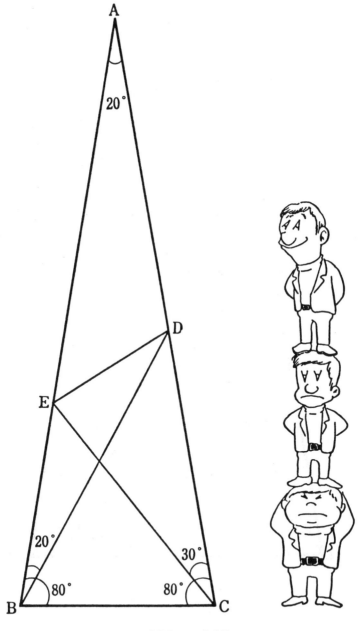

$\angle ABC = \angle ACB = 80°$

$$BE = BF$$

라는 사실을 알았지만, 이 경우,

$$\angle EBF = 80° - 20° = 60°$$

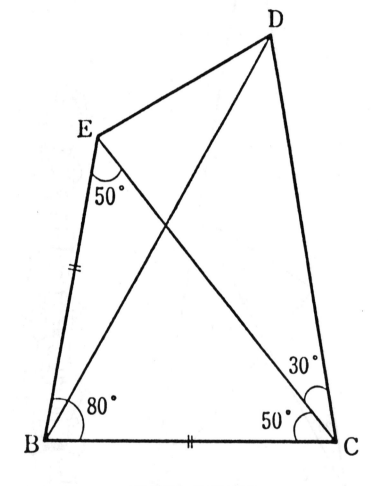

삼각형BCE는 이등변삼각형

그러므로 삼각형 EBF는 정삼각형이다. 따라서

$$BF = EF$$

이다. 한편 삼각형 BDF에서

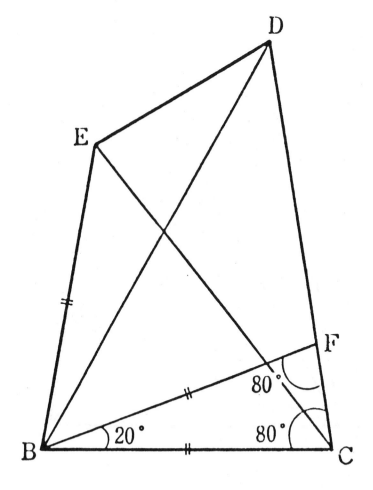

이등변삼각형BCF를 만든다

$$\angle DBF = 80° - 20° - 20° = 40°$$

또한, △BCD에서

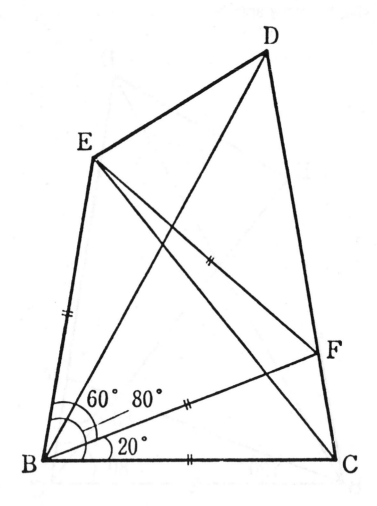

삼각형 EBF는 정삼각형

$$\angle BDC = 180° - (60° + 80°) = 40°$$

따라서,

$$\angle BDF = 40°$$

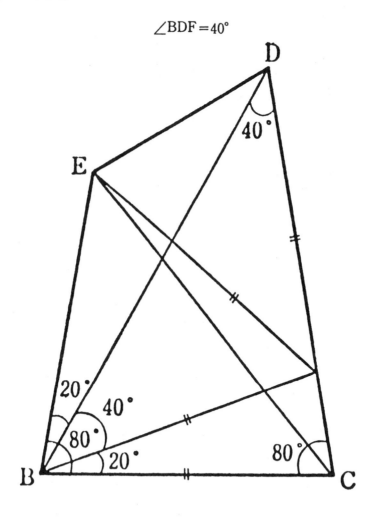

삼각형BDF는 이등변삼각형

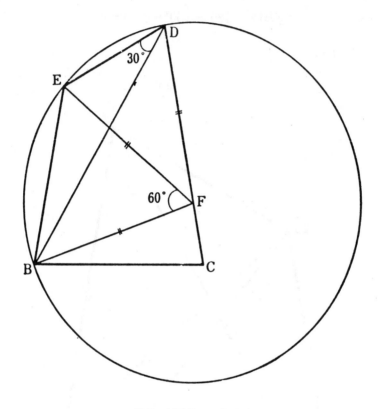

점F는 삼각형BDE의 외심

따라서, 삼각형 BDF는 F를 정점으로 하는 이등변삼각형이
되므로,

$$BF = DF$$

이상으로 결국,

$$BF = EF = DF$$

가 되었지만, 이것은 점F가 삼각형 BDE의 외심임을 나타내고
있다. 따라서, F를 중심, BF=EF=DF를 반경으로 하는 삼각형
BDE의 외접원을 그리면, ∠BDE는 현BE 위에 선 원주각이다.
그러나 이 경우 그 중심각은,

$$\angle BFE = 60°$$

이다. 따라서 원주각 BDE는 그 반인,

$$\angle BDE = 30°$$

이다.

제4장
파라독스와 게임

[질문] 연필을 떼지 않고 한 번에 그릴 수 있는지 없는지를 분별하는 방법을 가르쳐 주십시요.

[답]

우선 일필휘지라고 하는 것은 한 번 연필을 종이에 대면 연필을 종이에서 떼지 않고, 더구나 같은 부분을 덧그리는 일 없이 그림을 그리는 작업이라는 것을 상기해 둡시다.

그리고 우선 일필휘지된 그림의 특징을 조사해 봅시다.

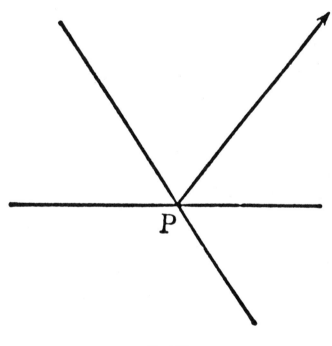

P는 기점

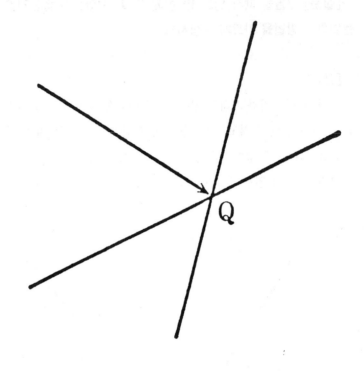

Q는 기점

(1) **일필휘지에서 그리기 시작점이고, 끝내기가 아닌 점 P**

이와 같은 점에서는 우선 그리기 시작할 때에 한 개의 선이 나온다. 그리고 일필휘지의 도중에 이 점을 통과할 때마다 이 점에서 나온 선은 2개씩 늘어간다. 그리고 이 점에서 그리기를 끝내는 일은 없기 때문에, 이와 같은 점 P에서는 홀수개의 선이 나온다. 이와 같은 점을 기점(奇點)이라 부른다.

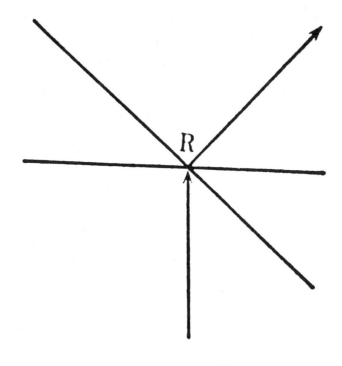

R은 우점

(2) 일필휘지에서 그리기 시작점이 아니고, 끝내기인 점 Q

이와 같은 점에서는 일필휘지의 도중에 이 점을 통과할 때마다 거기에서 나오는 선이 2개씩 늘어간다. 그리고 이 점에서 끝날 때에 이 점에서 나온 선이 한 개 첨가된다. 따라서 이와 같은 점Q에서는 홀수개의 선이 나온다. 즉, 이와 같은 점Q는 기점이다.

(3) 일필휘지에서 그리기 시작점이고, 더구나 끝내기인 점 R

이와 같은 점에서는 시작할 때에 이 점에서 한 개의 선이 나온다. 그리고 이 점을 통과할 때마다 이 점에서 나오는 선은 2개씩 늘어간다. 그리고 마지막으로 이 점에서 끝날 때에 이 점에서 나오는 선이 한 개 첨가된다. 따라서 이와 같은 점에서는 짝수개의 선이 나온다. 이와 같은 점을 우점(偶点)이라고 부르기로 한다.

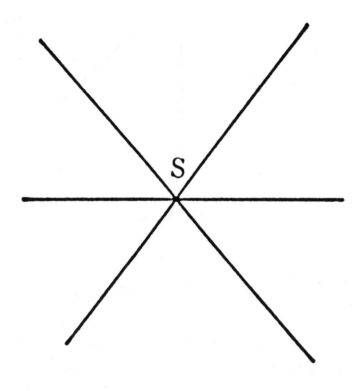

S는 우점

(4) 일필휘지에서 그저 통과할 뿐인 점 S

이와 같은 점에서는 이곳을 통과할 때마다 이 점에서 나오는 선이 2개씩 늘어간다. 따라서 이와 같은 점에서는 짝수개의

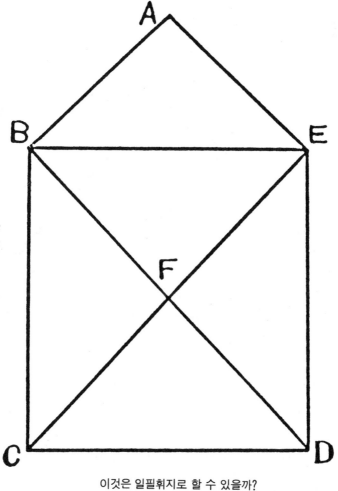

이것은 일필휘지로 할 수 있을까?

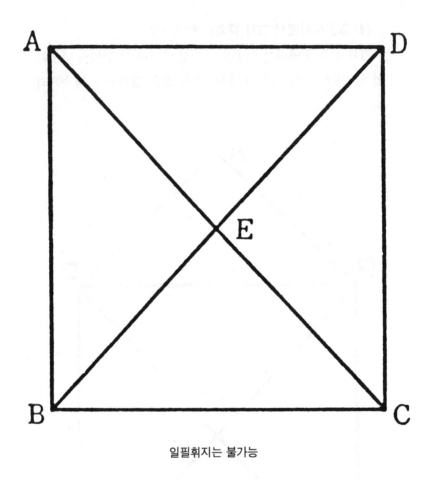

일필휘지는 불가능

선이 나온다. 즉, 이와 같은 점은 우점이다.

이상에서 조사한 점으로 인하여 다음의 사실을 알 수 있다.

Ⅰ. 일필휘지의 문제에 만일 기점이 있다면 그것은 그리기 시작점이나 또는 끝내기점이 아니면 안된다.

Ⅱ. 일필휘지의 문제에 만일 기점이 두 개 있다면 그 한쪽부터 그리기 시작해서 다른 쪽에서 끝나도록 하지 않으면 문제를 일필로 그릴 수는 없다.

예를 들어, A에서 보인 그림을 일필로 그려라 하는 문제에서는, C와 D가 기점이고, A, B, E, F는 모두 우점이다. 따라서, 이 그림은 C에서 시작하여 D로 끝나든가, D에서 시작하여 C로 끝나도록 연구하지 않으면 일필로는 그릴 수 없다.

Ⅲ. 일필휘지의 문제에 만일 기점이 3개 이상 있다면 이 문제를 일필로 그릴 수는 없다.

예를 들면, B에서 보인 그림에 있어서는 A, B, C, D는 모두 기점이고, E만이 우점이다.

따라서 이 그림은 기점을 4개나 포함하고 있기 대문에 일필로는 그릴 수 없는 그림이다.

[질문] 크기가 전부 다른 정사각형을 조합해서 하나의 정사각형을 만들 수 있을까?

[답]

이것을 확실히 할 수 있다는 사실은 1938년에 캠브리지대학의 수학자들에 의하여 증명되었다. 그 후 1951년에 윌코크씨가 24개의 정사각형을 사용해서, 1변의 길이가 175인 정사각형을 만들어 보였다.

그러나 1978년에 네덜란드의 드와이베스타인씨가 21개의

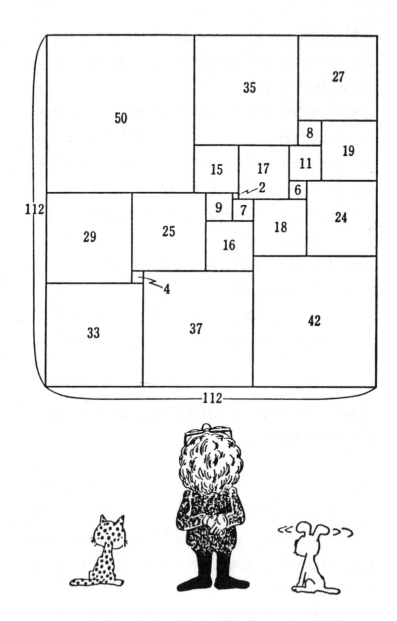

드와이베스타인씨가 만든 그림

정사각형을 사용해서, 1변의 길이가 112인 것을 앞의 그림과 같이 만들어 보였다.

20 이하의 정사각형을 사용한 것으로서는 이와 같은 일은 불가능하다는 사실이 증명되고 있기 때문에, 이것이 최량의 해답이라고 하는 것이 된다.

[질문] 마방진(魔方陣)은 어떻게 만들면 되는가?

[답]

우선 마방진이라고 하는 것은 가로로 n개, 세로로 n개, 따라서 전부 n^2개 나열되어 있는 구획 속에,

$$1, 2, 3, 4, 5, \cdots\cdots, n^2$$

이라고 하는 수를 넣어, 어느 행을 더해도, 어느 열을 더해도, 어느 대각선을 더해도,

$$\frac{1}{2} n (1+n^2)$$

이 되도록 만든 것이다. 이것을 n차의 마방진이라고 부른다. 예를 들면, 위의 것은 3차 마방진으로, 가로의 행을 더해도, 세로 열을 더해도, 대각선을 더해도 모두 15가 된다. 또한 그 다음 것은 4차 마방진으로, 가로의 행을 더해도, 세로의 열을 더해도, 대각선을 더해도 모두 34가 된다.

이하에 내가 알고 있는 마방진 만드는 법을 소개해 본다.

처음에 3차 마방진부터 시작한다. 그러기 위해서 우선 수를

3차 마방진

써 넣을 만한 틀을 만든다.

　다음에 이 틀에서 각변의 한 중간을 하나씩 밖으로 돌출시킨 것을 만든다.

　그리고 여기에 오른쪽 위부터 왼쪽 아래로 다음 그림과 같이 1, 2, 3; 4, 5, 6; 7, 8, 9를 써 넣는다.

　다음에 돌출한 부분에 적혀 있는 수를, 거기에서부터 세로 또는 가로로 세어서 3번째의 빈 칸으로 옮긴다. 그리고 마지막

13	8	12	1
3	10	6	15
2	11	7	14
16	5	9	4

4차 마방진

으로 돌출한 부분을 제거해 버리면 목적한 마방진을 얻는데,
이것은 가로로 더해도, 세로로 더해도, 대각선을 따라서 더해
도 답이 항상 15가 되는 3차 마방진이다.

다음에 4차 마방진의 만드는 법으로 넘어간다. 우선 다음의
그림과 같이 틀을 만들어서, 그 속에 1부터 16까지의 수를 차례

228

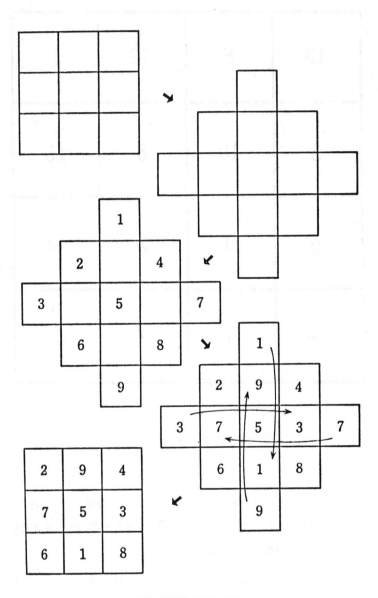

3차 마방진 만드는 법

4차 마방진 만드는 법

230

대로 그림과 같이 써 넣는다.

다음에 제1행과 제4행에서, 오른쪽 위부터 왼쪽 아래로의 대각선상에 없는 수 2와 14, 3과 15를 바꿔 넣는다. 또한 제2행과 제3행에서, 오른쪽 위부터 왼쪽 아래로의 대각선상에 없는 숫자 5와 9, 8과 12를 바꿔 넣는다.

다음에 제1열과 제4열에서, 오른쪽 위부터 왼쪽 아래로의 대각선상에 없는 수 9와 12, 5와 8을 바꿔 넣는다. 또한 제2열과 제3열에서, 오른쪽 위부터 왼쪽 아래로의 대각선상에 없는 수 14와 15, 2와 3을 바꿔 넣는다. 그렇게 하면 그림과 같은 마방진을 얻을 수 있는데, 이것은 가로로 더해도, 세로로 더해도, 또 대각선을 따라서 더해도 답이 항상 34가 되는 4차 마방진이다.

다음에 5차 마방진의 만드는 법으로 넘어간다. 이것은 3차 마방진 만드는 법과 비슷한 방법으로 만들 수 있다.

우선, 수를 써 넣을 만한 틀을 만든다.

다음에, 이 틀에서 각변의 중앙 부분을 돌출시킨 그림과 같은 칸을 만든다. 그리고 여기에 오른쪽 위부터 왼쪽 아래로 그림과 같이 1, 2, 3, 4, 5; 6, 7, 8, 9, 10; 11, 12, 13, 14, 15; 16, 17, 18, 19, 20; 21, 22, 23, 24, 25를 써 넣는다.

다음에 돌출한 부분에 적혀 있는 수를 그곳으로부터 세로 또는 가로로 세어서 5번째의 빈 칸으로 옮긴다. 그리고 마지막으로 돌출 부분을 제거해 버리면 그림과 같은 마방진을 얻는데, 이것은 가로로 더해도, 세로로 더해도, 또 대각선을 따라서 더해도 답이 항상 65가 되는 5차 마방진이다.

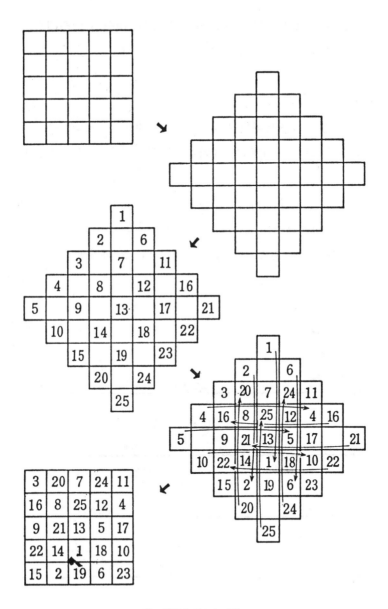

5차 마방진 만드는 법

[질문] 아킬레스와 거북이의 문제에서, 어째서 아킬레스는 거북이를 추월할 수 없는가?

[답]

아킬레스와 거북이의 문제라고 하는 것은 그리스의 수학자 제논(기원전490~429)이 제기한 것으로 다음과 같은 역설이다.

그리스의 위타천 아킬레스가 앞쪽에 있는 거북이를 쫓아간다고 해도 아킬레스는 거북이를 추월할 수 없다. 왜냐하면, 아킬레스가 거북이가 본래 있었던 곳까지 오면 그 사이에 거북이는

아킬레스는 거북이를 추월할까?

조금 전진해 있다. 다음에 아킬레스가 그 거북이가 있었던 곳까지 오면 그 사이에 거북이는 좀 더 전진해 있다. 따라서 아킬레스는 언제까지나 거북이를 추월할 수 없다.

이 이야기의 어디가 이상한지를 조사하기 위해서, 지금 만일 아킬레스의 **빠르기**를 1초간에 10미터, 거북이의 **빠르기**를 그 10분의 1, 1초간에 1미터라 하고, 아킬레스는 100미터 전방에 있는 거북이를 뒤쫓는 것이라고 해 봅시다.

아킬레스가 원래 거북이가 있었던 곳에 도달하기 위해서는,

$$100미터 \div 10미터 = 10(초)$$

가 필요하다. 그 10초간에 거북이는,

$$1미터 \times 10 = 10미터$$

전진해 있다.

아킬레스가 이 10미터 전방의 거북이가 있었던 곳에 도달하기 위해서는,

$$10미터 \div 10미터 = 1(초)$$

를 필요로 한다. 그 1초간에 거북이는,

$$1미터 \times 1 = 1미터$$

전진해 있다.

아킬레스가 이 1미터 전방의 거북이가 있었던 곳에 도달하기 위해서는,

$$1미터 \div 10미터 = 0.1(초)$$

를 필요로 한다. 그 0.1초간에 거북이는,

$$1\text{미터}\times0.1=0.1\text{미터}$$

전진해 있다.

이상과 같은 이유 때문에 아킬레스가 원래 거북이가 있었던 장소까지 오는데 필요한 시간은,

$$10+1+0.1+\cdots\cdots+0.00\cdots\cdots1=11.11\cdots\cdots1$$

초라고 하는 것이 된다. 그러나 이것은,

$$11.111\cdots\cdots1\cdots\cdots$$

과 같이, 어디까지나 1이 계속되는 수보다 작은 것이다. 그러나 더욱이 이것은 $\dfrac{100}{9}$이기 때문에, 이상의 이야기는 아킬레스는 거북이를 $\dfrac{100}{9}$초 이내에는 추월할 수 없다고 말하고 있는 것이 된다.

이렇다면 아무 이상함도 없는 이야기다.

[질문] 무한대란 어떤 사고방식인가?

[답]

수학에서는 가끔 무한대라고 하는 말을 사용하는데, 수학 중에 무한대라고 하는 수가 있는 것은 아니다. 수학에서 무한대라고 하면, 그것은 한없이 커져가는 상태를 표현하는 말이다.

예를 들면, x가 양이고 한없이 0에 가까와져 갈 때, $\dfrac{3}{x}$ 은 어떻

게 변화하는지를 조사해 봅시다.

$$x=0.1 \text{ 이라면 } \frac{3}{x}=30$$

$$x=0.01 \text{ 이라면 } \frac{3}{x}=300$$

$$x=0.001 \text{ 이라면 } \frac{3}{x}=3000$$

$$x=0.0001 \text{ 이라면 } \frac{3}{x}=30000$$

그러므로 x가 양이고 한없이 0에 가까와져 갈 때, $\frac{3}{x}$은 한없이 커져 간다는 사실을 알 수 있다. 이것을 보통,

$$x \to 0 \text{ 일 때 } \frac{3}{x} \to \infty$$

이라고 쓴다.

여기에서 아무쪼록 주의해야 할 점은 ∞라고 하는 기호는 절대 무한대라고 하는 수를 나타내는 것이 아니라고 하는 점이다. 만일 무한대라고 하는 수 ∞가 있다고 하면 여러 가지 모순이 생겨 버린다.

예를 들면, ∞에 3을 더해도 역시 ∞이다. 따라서

$$\infty+3=\infty$$

이 양변에서 ∞를 빼서,

$$3=0$$

또는, ∞를 2배 해도 역시 ∞다. 따라서,

$$2 \cdot \infty = \infty$$

이 양변을 ∞로 나누어서,

$$2 = 1$$

이상과 같이 기묘한 현상이 일어나기 때문에 절대 ∞를 수와 같이 취급해서는 안된다.

[질문] 친구들이 *1=2*라고 하는 것을 증명해 보라고 해서 다음과 같은 계산을 했다. 어디가 이상한 것일까?

우선

$$1 - 3 = 4 - 6$$

이다. 이제, 이 식의 양변에 $\frac{9}{4}$ 를 더해서

$$1 - 3 + \frac{9}{4} = 4 - 6 + \frac{9}{4}$$

여기에서

$$a^2 - ab + \frac{b^2}{4} = (a - \frac{b}{2})^2$$

이라고 하는 공식을 상기하면, 우선, *a*=1, *b*=3이라고 생각하고,

$$1 - 3 + \frac{9}{4} = (1 - \frac{3}{2})^2$$

또, $a=2$, $b=3$이라고 생각하고,

$$4-6+\frac{9}{4}=(2-\frac{3}{2})^2$$

따라서

$$(1-\frac{3}{2})^2=(2-\frac{3}{2})^2$$

때문에

$$1-\frac{3}{2}=2-\frac{3}{2}$$

따라서, 1=2라고 하는 것인데…….

[답]

이 계산은,

$$(1-\frac{3}{2})^2=(2-\frac{3}{2})^2$$

까지는 맞았는데, 여기에서 다음의

$$1-\frac{3}{2}=2-\frac{3}{2}$$

따라서,

$$1=2$$

라고 하는 부분에서 틀렸다. 사실,

$$a^2=b^2$$

238

라고 하는 식으로부터는

$$a=b, \text{ 또한 } a=-b$$

를 얻을 수 있는데, 위에서는

$$a=b$$

만을 얻을 수 있는 것 같이 생각하고 있는 점이 잘못되어 있다. 사실,

$$(1-\frac{3}{2})^2=(2-\frac{3}{2})^2$$

까지는 맞았지만, 이 다음에는 옳게는,

$$1-\frac{3}{2}=2-\frac{3}{2} \text{ 또는 } 1-\frac{3}{2}=-(2-\frac{3}{2})$$

라고 해야 하는 것이다. 그리고,

$$1-\frac{3}{2}=2-\frac{3}{2}$$

은 있을 수 없기 때문에,

$$1-\frac{3}{2}=-(2-\frac{3}{2})$$

이라고 해야만 하는 것이다.

  [질문] 친구들이 모든 수는 0과 같다는 것을 증명해 보이라고 해서 다음의 설명을 했다. 어디가 이상한 것일까?

지금 임의의 수를 취해서 그것을 a라고 한다. 다음에 a와 같은 수를 생각해서 그것을 b라고 한다. 그렇게 하면,

$$a=b$$

이다. 이 식 양변에 a를 곱하면,

$$a^2=ab$$

양변에서 b^2를 빼면

$$a^2-b^2=ab-b^2$$

양변을 인수분해해서

$$(a+b)(a-b)=b(a-b)$$

　따라서

$$a+b=b$$

양변에서 b를 빼고

$$a=0$$

이라고 하는 것으로, 모든 수는 0과 같다고 말했는데…….

[답]

　이 계산은,

$$(a+b)(a-b)=b(a-b)$$

까지는 맞다. 그러나 이 다음에, 따라서

$$a+b=b$$

라고 하는 부분이 잘못되어 있다. 왜냐하면,

$$(a+b)(a-b)=b(a-b)$$

로부터

$$a+b=b$$

를 이끌어내기 위해서는 이 식의 양변을 $a-b$로 나누지 않으면 안되는데, 실은,

$$a-b=0$$

으로써, 여기에서 절대 해서는 안되는, 양변을 0으로 나눈다고 하는 계산을 하고 있기 때문이다. 사실, a를 3이라고 해서 위의 계산을 반복해 보면,

$$3=3$$

양변에 3을 곱해서,

$$3^2=3 \cdot 3$$

양변에서 3^2를 빼서,

$$3^2-3^2=3 \cdot 3-3^2$$

양변을 인수분해해서

$$(3+3)(3-3)=3(3-3)$$

여기까지는 맞는다. 그러나 이 마지막 식은,

$$(3+3) \cdot 0 = 3 \cdot 0$$

을 증명해야 확실히 맞는 것인데, 이 식의 양변을 0으로 나누어서

$$3+3=3$$

이라고 하면, 잘못된 식을 얻게 되어 버린다.

[질문] 친구들이 모든 삼각형은 이등변삼각형임을 증명해 보이라고 해서 다음의 설명을 했다. 어디가 잘못되어 있는 것일까?

지금 임의의 삼각형을 ABC라고 하고, 각BAC의 이등변선과 변BC의 수직이등분선과의 교점을 D라고 한다. 그리고 D에서 변AB에 내린 수선의 발을 E, 변AC에 내린 수선의 발을 F라고 한다.

그렇게 하면, 삼각형 AED와 AFD에 있어서,

$$\angle EAD = \angle FAD$$
$$\angle AED = \angle AFD (=직각)$$

이고, 더구나 AD는 공통이므로,

$$\triangle AED \equiv \triangle AFD$$

따라서,

$$DE = DF, \quad AE = AF$$

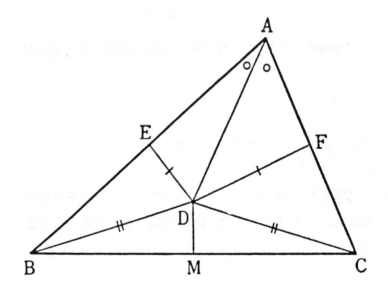

모든 삼각형은 이등변삼각형이다

이다. 또한 △EDB와 △FDC에 있어서,

$$DE = DF$$
$$DB = DC$$
$$\angle BED = \angle CFD\,(= 직각)$$

그러므로,

$$\triangle EBD \equiv \triangle FCD$$

때문에,

$$BE = CF$$

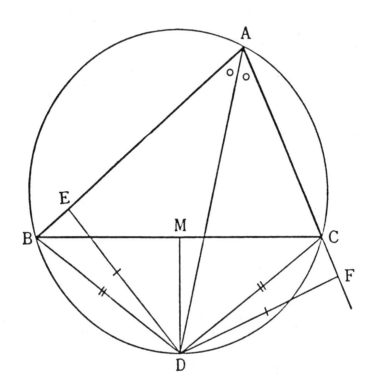

기하 문제를 풀 때는 그림을 정확하게 그릴 것!

따라서, AE＝AF와 이 BE＝CF에서

$$AB＝AC$$

그러므로 삼각형ABC는 이등변삼각형이라고 말했는데…….

[답]

당신의 친구들은 각BAC의 이등분선과 변BC의 수직이등분선
이 삼각형ABC의 내부에서 교차하는 것 같은 그림을 그리고
있는데, 그림을 정확하게 그려 보면 알 수 있듯이, 각 BAC의
이등분선과 변BC의 수직이등분선은 삼각형ABC의 외접원의
호BC의 중점 D에서 교차한다.

이 올바른 그림을 보면서 당신 친구들의 증명을 읽어 가면,

$$\triangle AED \equiv \triangle AFD$$

따라서

$$DE=DF, \; AE=AF$$

는 맞다. 더욱이

$$\triangle EBD \equiv \triangle FCD$$

따라서

$$BE=CF$$

도 맞다. 그러나 AE=AF와 BE=CF로부터 AB=AC라는 결론은
나오지 않는다. 기하의 문제를 생각할 때는 그림을 정확하게
그려주기 바란다.

[질문] 친구에게서 다음과 같은 이야기를 들었다. 이 이야기
의 조작은 어디에 있는가?

어느 아라비아 상인이 재산으로써 17마리의 낙타를 가지고

아버지의 유산분배

있었는데, 죽을 때에 세 명의 아들에게, 장남에게는 그 재산의 $\frac{1}{2}$ 을, 차남에게는 그 재산의 $\frac{1}{3}$ 을, 막내 아들에게는 그 재산의 $\frac{1}{9}$ 을 준다고 유언했다.

그러나 17은 2로도 3으로도 9로도 나눌 수 없기 때문에, 아들들은 아버지의 유언 대로 그 재산을 나눌 수가 없어서 몹시 난처해져 버렸다.

그곳으로 낙타를 한 마리 끌고 노인이 지나가다,

"무엇을 난처해 하고 있는가?"

라고 물었다. 그래서 세 명의 아들들은 아버지의 유언을 얘기하고, 그래서 곤란해 하고 있다고 설명했다.

세 명의 아들의 이야기를 들은 이 노인은 다음과 같이 이야기했다.

"다행히 나는 여기에 한 마리의 낙타를 가지고 있다. 이 한 마리의 낙타를 자네들에게 줄테니, 17마리에 그것을 더하여 18마리로 만들어서 나누게."

세 명의 아들은 지나는 행인으로부터 공짜로 낙타를 한 마리 받아서는 안 된다고 하며 사양했지만, 노인이 구태여 그렇게 하라고 하니까 17마리의 낙타에 노인의 낙타 한 마리를 더하여 18마리로 만들어서 그것을 아버지의 유언대로 나누기로 했다.

18마리 낙타의 $\frac{1}{2}$ 는 9마리이니까, 장남은 9마리의 낙타를 받았다. 18마리 낙타의 $\frac{1}{3}$ 는 6마리이니까, 차남은 6마리의 낙타를 받았다. 18마리 낙타의 $\frac{1}{9}$ 은 2마리니까, 막내 아들은 두 마리의 낙타를 받았다.

그러나

$$9+6+2=17$$

그러므로, 거기에는 아직 낙타가 1마리 남아 있었다.

그래서 이 노인은 세 명의 아들에게 다음과 같이 이야기했다.

"어때요. 세 사람 모두 부친의 유언대로 낙타를 받았군요. 그런데 여기에 남아 있는 한 마리의 낙타는 원래 내 것이니까, 이것은 내가 데리고 가지요."

남자의 실패

이렇게 이야기하고 노인은 자신의 낙타를 끌고 사라져 갔다.

이런 일이 있고 나서 얼마 지난 후 일인데, 재산으로써 111마리의 낙타를 가지고 있던 어느 아라비아의 상인이 죽을 때에 세 명의 아들에게 장남에게는 그 재산의 $\frac{1}{2}$ 을, 차남에게는 그 재산의 $\frac{1}{3}$ 을, 막내 아들에게는 그 재산의 $\frac{1}{6}$ 을 준다고 유언했다.

그러나 11은 2로도, 3으로도, 6으로도 나눌 수 없기 때문에, 아들들은 아버지의 유언대로 그 재산을 나눌 수가 없어 몹시 난처해져 버렸다.

옛날, 이것과 비슷한 것 같은 일이 있었다는 것을 생각해 낸 이 마을의 어느 남자는 그 흉내를 내서, 자신은 머리가 좋다는 것을 보이려는 생각으로 세 명의 아들에게 다음과 같이 이야기 했다.

"내 낙타를 한 마리 자네들에게 줄 테니까, 낙타의 수를 11 +1=12마리로 만들어서 그것을 부친의 유언대로 나누게."

세 명의 아들은 이 남자에게 낙타를 한 마리 공짜로 받아서는 안된다고 거절했지만, 이 남자가 억지로 그렇게 해 보라고 하니까, 이 남자가 말하는 대로 부친 재산의 11마리에 이 남자에게서 받은 한 마리를 더하여 12마리로 만들어서, 그것을 부친의 유언대로 나누기로 했다.

12마리 낙타의 $\frac{1}{2}$ 은 6마리이니까, 장남은 6마리의 낙타를 받았다. 12마리 낙타의 $\frac{1}{3}$ 은 4마리이니까, 차남은 4마리의 낙타를 받았다. 12마리 낙타의 $\frac{1}{6}$ 은 2마리이니까, 막내 아들은 두 마리의 낙타를 받았다.

그러나,

$$6+4+2=12$$

그러므로, 이렇게 해서 낙타는 전부 세 명의 아들에게 넘어가 버렸다.

앞의 이야기에서는 낙타가 한 마리 남았지만, 이 경우는 낙타가 한 마리도 남지 않았다. 이렇게 해서 모두에게 머리가 좋다는 것을 보이려고 생각한 이 남자는 마침내 낙타를 한 마리

손해보고 말았다. 잘 생각해 보지도 않고 남의 흉내를 내는 것이 아니예요(이것은 저자에게서 제안받은 것이다. 해답을 읽기 전에 당신 스스로 풀어 보십시오).

[답]

원래 어떤 것을 몇 분의 1과 몇 분의 1로 나눈다고 할 경우에는 그것들을 더한 합이 1이 되지 않으면 안된다.

그러나 이 제1의 이야기에서는,

$$\frac{1}{2}+\frac{1}{3}+\frac{1}{9}=\frac{9}{18}+\frac{6}{18}+\frac{2}{18}$$
$$=\frac{9+6+2}{18}$$
$$=\frac{17}{18}$$

로, 이것들을 더한 합은 1이 되지 않는다. 따라서, 어떤 것을 그와 같이 나누면, 전체의

$$1-\frac{17}{18}=\frac{1}{18}$$

만큼 남을 것이다. 즉, 18마리의 낙타를 $\frac{1}{2}$ 과 $\frac{1}{3}$ 과 $\frac{1}{9}$ 로 나누면, 거기에는 18마리의 $\frac{1}{18}$,

$$18\times\frac{1}{18}=1$$

마리의 낙타가 남을 것이다. 이 문제를 해결한 노인은 이 점을

간파하고 있었던 것이다. 그러나 제2의 이야기에서는,

$$\frac{1}{2}+\frac{1}{3}+\frac{1}{6}=\frac{6+4+2}{12}$$
$$=\frac{12}{12}$$
$$=1$$

이므로, 12마리의 낙타를 $\frac{1}{2}$ 과 $\frac{1}{3}$ 과 $\frac{1}{6}$ 로 나누면 거기에는 아무 것도 남지 않을 것이다.

　사람들에게 머리가 좋다는 것을 보이려고 생각한 이 마을의 남자는 이 사실을 간파할 수 없었던 것이다.

제5장
진보한 문제

[질문] 5차 이상의 방정식에는 근의 공식이 존재하지 않는다고 하는데, 그것은 어째서인가?

[답]

1차방정식이라고 하는 것은,

$$ax+b=0 \qquad (a \neq 0)$$

와 같은 형태의 방정식인데, 이것은,

$$ax=-b$$

로 이항해서, 양변을 $a(\neq 0)$로 나누어,

$$x=-\frac{b}{a}$$

와 같이 풀 수 있다. 따라서 1차방정식에 대해서는 근의 공식이 있게 된다.

2차방정식이라고 하는 것은,

$$ax^2+bx+c=0 \qquad (a \neq 0)$$

와 같은 형태의 방정식인데, 이것은 우선 양변을 $a(\neq 0)$로 나누어,

$$x^2+\frac{b}{a}x+\frac{c}{a}=0$$

으로 해서, 이것을

$$x^2+\frac{b}{a}x=-\frac{c}{a}$$

254

와 같이 변형해서, 양변에 $\dfrac{b^2}{4a^2}$ 을 더하면,

$$x^2+\frac{b}{a}\,x+\frac{b^2}{4a^2}=\frac{b^2-4ac}{4a^2}$$

즉,

$$\left(x+\frac{b}{2a}\right)^2=\frac{b^2-4ac}{4a^2}$$

가 되므로, 여기에서 양변을 제곱근으로 전개해서,

$$x+\frac{b}{2a}=\frac{\pm\sqrt{b^2-4ac}}{2a}$$

따라서,

$$x=\frac{-b\pm\sqrt{b^2-4ac}}{2a}$$

와 같이 풀 수 있다. 이것이 2차방정식의 해의 공식이다.

다음에 3차방정식

$$ax^3+bx^2+cx+d=0 \qquad (a\neq0)$$

을 생각해 본다. 우선, 이 양변을 $a(\neq0)$로 나누어, 주어진 3차방정식을,

$$x^3+px^2+qx+r=0$$

와 같은 형태로 고칠 수 있다.

여기에서,

$$x=y-\frac{p}{3}$$

라고 두면, 이 3차방정식은

$$(y - \frac{p}{3})^3 + p(y - \frac{p}{3})^2 + q(y - \frac{p}{3}) + r = 0$$

이 된다. 이것을 계산하면, y^2의 계수는,

$$-3(\frac{p}{3}) + p = 0$$

그러므로, 주어진 3차방정식은 y^2의 항이 없는,

$$y^3 + qy + r = 0$$

과 같은 형태로 변형된다. 그러므로, 처음부터 주어진 3차방정식은,

$$x^3 + mx = n$$

과 같은 형태라고 가정해도, 일반성을 잃는 것은 아니다.

그런데, 여기에서,

$$x = u + v$$

로 두고, 이것을 위의 3차방정식에 대입하면,

$$(u+v)^3 + m(u+v) = n$$
$$u^3 + 3uv(u+v) + v^3 + m(u+v) = n$$

따라서

$$u^3 + v^3 + (3uv + m)(u+v) = n$$

이 된다. 그래서

$$u^3+v^3=n$$

이 되도록 u, v를 선택하기로 한다면,

$$3uv+m=0$$

즉,

$$u^3v^3=-\frac{m^3}{27}$$

을 얻을 수 있다. 따라서 u^3과 v^3는 2차방정식

$$t^2+nt-\frac{m^3}{27}=0$$

의 해가 아니면 안된다. 따라서,

$$u^3=\frac{n+\sqrt{n^2+\dfrac{4}{27}m^3}}{2}, \qquad v^3=\frac{n-\sqrt{n^2+\dfrac{4}{27}m^3}}{2}$$

즉,

$$u=\sqrt[3]{\frac{n+\sqrt{n^2+\dfrac{4}{27}m^3}}{2}}, \quad v=\sqrt[3]{\frac{n-\sqrt{n^2+\dfrac{4}{27}m^3}}{2}}$$

그러므로,

$$x=\sqrt[3]{\frac{n+\sqrt{n^2+\dfrac{4}{27}m^3}}{2}}+\sqrt[3]{\frac{n-\sqrt{n^2+\dfrac{4}{27}m^3}}{2}}$$

이다. 이것이 3차방정식

$$x^3+mx=n$$

의 해의 공식이다.

다음에 4차방정식

$$ax^4+bx^3+cx^2+dx+e=0 \quad (a\neq0)$$

을 생각해 보자. 이것은 양변을 $a(\neq0)$로 나누어

$$x^4+b'x^3+c'x^2+d'x+e'=0$$

과 같은 형태로 만들 수 있다. 여기에서,

$$x=y-\frac{1}{4}b$$

로 두면, 방정식을,

$$y^4+py^2+qy+r=0$$

과 같은 형태로 고칠 수 있다. 따라서 처음부터 주어진 4차방정식은,

$$x^4+px^2+qx+r=0$$

이라고 가정해도 일반성을 잃는 것은 아니다.

그런데, 이 주어진 4차방정식을 변형해서,

$$x^4=-px^2-qx-r$$

이라 하고, 이 양변에

$$2tx^2+t^2$$

을 더하면,

$$x^4+2tx^2+t^2=(2t-p)x^2-qx+t^2-r$$

즉,

$$[*] \quad (x^2+t)^2=(2t-p)x^2-qx+t^2-r$$

이 된다.

여기에서 우변이 완전 제곱이 되도록 t 값의 결정을 시도한다. 그러기 위해서는, 이 x의 2차식의 판별식이 0이 되면 되는 것이다. 즉, t를,

$$q^2-4(2t-p)(t^2-r)=0$$

즉,

$$8t^3-4pt^2-8rt-q^2-4pr=0$$

을 만족하도록 결정하면 되는 것이다. 그러나 이 식은 t의 3차방정식이기 때문에, 그 해의 공식을 사용해서 이것을 풀 수 있다. 그와 같은 t를 사용하면, $[*]$는,

$$(x^2+t)^2=(hx+k)^2$$

라고 다시 쓸 수 있을테니까, 이것으로부터,

$$x^2+t=hx+k \text{ 또는 } x^2+t=-hx-k$$

가 되므로, 이런 2차방정식을 풀면 처음의 4차방정식을 풀 수 있게 된다.

이상을 돌이켜 보면 우리들은 도중에 보조의 3차방정식을 풀었다. 그러나 여기에는 해의 공식이 있었다. 또한 도중에 보조

2차방정식을 풀었다. 그러나 여기에도 해의 공식이 있었다. 따라서, 4차방정식의 해에 대해서도, 조금 번거롭지만 해의 공식을 만들 수 있다.

그런데 이상의 해법을 돌이켜 보면 1차, 2차, 3차, 4차 방정식의 해의 공식은 모두 그 계수에 대해서 가감승제와 거듭제곱근을 한 식으로 표시되고 있음을 알 수 있다. 이와 같이 계수에 가감승제와 거듭제곱을 이용해서 방정식을 푸는 방법을 방정식을 대수적으로 푼다고 한다.

따라서 이상은, 1차, 2차, 3차, 4차방정식은 모두 대수적으로 풀 수 있음을 증명하고 있다.

이상은 16세기까지의 연구인데, 그 후의 수학자들은, 그렇다면 5차방정식을 대수적으로 풀 수 있을까라고 하는 문제의 해명에 전력을 기울였다. 그러나 이 문제의 해결은 무려 19세기까지 미루어져 버렸다.

노르웨이의 천재적 수학자 아벨(1802~1829)은 1826년에 일반 5차 및 5차 이상의 방정식을 대수적으로 푸는 방법은 존재하지 않음을 증명했던 것이다.

5차 이상의 방정식에는 해의 공식이 존재하지 않는다고 하는 것은 이런 의미다.

[질문] 미분방정식에는 어째서 일반해와 특이해가 있는가?

[답]
1단의 미분방정식

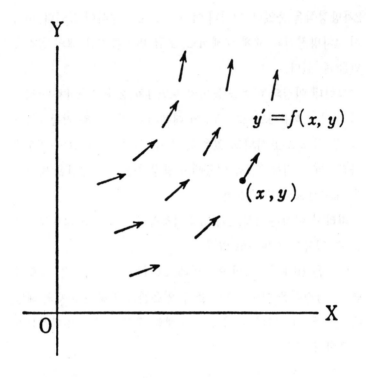

1단의 미분방정식이 의미하는 것은……

$$\frac{dy}{dx} = f(x, y)$$

를 준다고 하는 것은, 평면상의 각 점 (x, y)에,

$$y' = f(x, y)$$

로 일정한 하나의 방향을 주는 것을 의미한다. 예를 들면, 그림과 같이 말이다.

그리고 이 미분방정식을 푼다고 하는 것은, 이 평면상에 적당

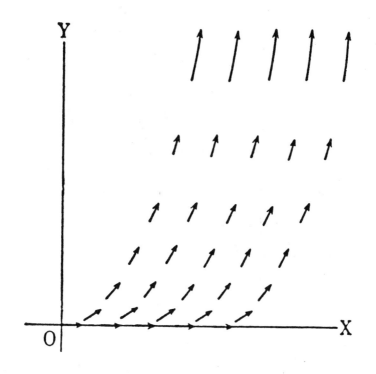

한 곡선군을 찾아내서, 그 각각의 곡선에 대한 접선이 $y' = f$ (x, y)로 주어진 방향을 갖도록 하는 것이다. 예로써, 미분방정식,

$$\frac{dy}{dx} = 2\sqrt{y}$$

를 풀라고 하는 문제를 생각해 보자. 이 미분방정식에 대해서 각 점(x, y)에 연결시킨 방향을 도시하면, 다음 그림과 같이

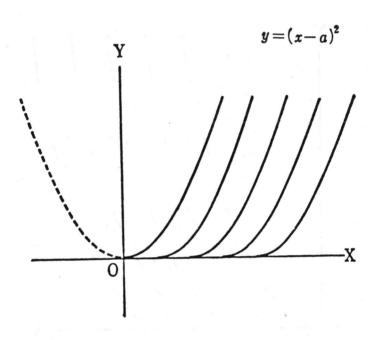

$$y = (x-a)^2 \quad 단(x \geqq a)$$

된다.

그런데 주어진 미분방정식을 풀기 위해서 $y \neq 0$이라 하고, 이것을

$$\frac{dy}{2\sqrt{y}} = dx$$

로 변형한다. 그리고 적분하면,

$$\sqrt{y} = x - a \qquad (x - a \geqq 0)$$

를 얻는다. 여기에서 a는 하나의 임의의 정수다. 이것으로부터,

$$y=(x-a)^2 \qquad (x \geqq a)$$

를 얻는데, 이것은 소위 일반해다. 이것은 포물선

$$y=x^2$$

의 y축 오른쪽에 있는 부분

$$y=x^2 \qquad (x \geqq 0)$$

를 x축으로 평행이동해서 얻을 수 있는 곡선군이다. 그런데, 처음에 $y \neq 0$라고 했기 때문에, 이제

$$y=0$$

을 생각해 본다.

　이것을 처음에 주어진 미분방정식에 대입해 보면 틀림없이 이것을 만족하기 때문에, 이것도 확실하다. 그러나 이것은 x축을 나타내고, 앞의 일반해에는 속하지 않는다.

　이 x축은 $y=(x-a)^2(x \geqq a)$라고 하는 곡선군의 포물선이 되고 있다. 이와 같이 일반해가 나타내는 곡선군이 하나의 포물선을 가지고 있으면 그 포물선을 나타내는 식도 하나의 해가 된다. 이것이 특이해다.

　[**질문**] 아름답고도 마술적인 오일러의 공식,

$$e^{ix}=\cos x+i \sin x$$

는, 어떻게 만들어졌는가?

[**답**]

우리들은 독립변수나 종속변수나 실수인 함수의 미분적분에서 함수의 무한급수 전개라고 하는 것을 배운다.

이것에 따르면,

$$e^x = 1 + \frac{x}{1!} + \frac{x^2}{2!} + \frac{x^3}{3!} + \cdots\cdots$$

$$\cos x = 1 - \frac{x^2}{2!} + \frac{x^4}{4!} - \cdots\cdots$$

$$\sin x = x - \frac{x^3}{3!} + \frac{x^5}{5!} - \cdots\cdots$$

이다.

이런 공식은 x가 실수인 경우에 성립하는 공식이지만, 지금 제1의 공식에서 x 대신 ix를 대입해 보면,

$$e^{ix} = 1 + \frac{ix}{1!} + \frac{(ix)^2}{2!} + \frac{(ix)^3}{3!} + \cdots\cdots$$

이 된다. 여기에서,

$$i^2 = -1, \ i^3 = -i, \ i^4 = 1, \cdots\cdots$$

등에 주의하면,

$$e^{ix} = (1 - \frac{x^2}{2!} + \frac{x^4}{4!} - \cdots\cdots) + i(x - \frac{x^3}{3!} + \frac{x^5}{5!} - \cdots\cdots)$$

가 되기 때문에,

$$e^{ix} = \cos x + i \sin x$$

라고 정의하면,e^{ix}에 의미를 줄 수 있다고 하는 것이 오일러

공식의 의미다.

[질문] 마르코프 과정이란 무엇인가?

[답]

우리들은 어떤 실험을 반복했을 때에, 그 실험의 계열을 과정이라 부르기로 한다. 그리고 여기에는 몇 가지의 상태,

$$S_1, S_2, S_3, \cdots\cdots, S_n$$

이 있어서, 생각하고 있는 과정은 주어진 순간에는 이런 상태 중 하나, 그리고 단 하나에 있다고 한다. 그리고 이 과정이 상태 S_i로부터 상태 S_j로 이동한 확률 p_{ij}는 상태 S_i와 S_j로 결정되고, 다음 표와 같다고 한다. 또한, 상태 S_i로부터 상태 S_j로 이동할

	S_1	S_2	S_3 $\cdots\cdots$	S_n
S_1	p_{11}	p_{12}	$p_{13}\cdots\cdots$	p_{1n}
S_2	p_{21}	p_{22}	$p_{23}\cdots\cdots$	p_{2n}
$\vdots$				
S_n	p_{n1}	p_{n2}	p_{n3}	p_{nn}

확률은 어느 단계나 같다고 한다. 이런 종류의 과정이 마르코프 과정이라고 불리는 것이다.

만일 상태가 S_1과 S_2 두 개밖에 없다면, 이 표는,

	S_1	S_2
S_1	p_{11}	p_{12}
S_2	p_{21}	p_{22}

와 같이 간단해진다. 이 표는, 상태 S_1, S_2로부터 상태 S_1, S_2로 1단계 이동할 확률의 표인데, 상태 S_1, S_2에서 상태 S_1, S_2로 2단계 이동할 확률의 표는 어떻게 되는지를 조사해 본다.

우선, 상태 S_1으로부터 상태 S_1, S_2로 2단계 이동하는 모습은 다음 그림과 같다.

여기에 화살표 도중에 쓴 것은 그것이 발생하는 확률이다. 여기에서도 알 수 있듯이,

S_1에서 S_1을 거쳐 S_1으로 이동할 확률은 $P_{11} \cdot P_{11}$

S_1에서 S_2를 거쳐 S_1으로 이동할 확률은 $P_{12} \cdot P_{21}$

이다. 따라서, S_1에서 S_1으로 2단계 이동할 확률은,

$$P_{11} \cdot P_{11} + P_{12} \cdot P_{21}$$

이다. 또한,

S_1에서 S_1를 거쳐 S_2로 이동할 확률은 $P_{11} \cdot P_{12}$

S_1에서 S_2를 거쳐 S_2로 이동할 확률은 $P_{12} \cdot P_{22}$

이다. 따라서, S_1에서 S_2로 2단계 이동할 확률은,

$$P_{11} \cdot P_{12} + P_{12} \cdot P_{22}$$

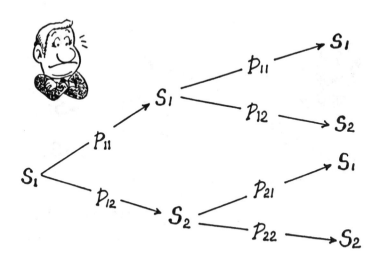

상태 S_1에서 상태 S_1, S_2로 2단계 이동한다

이다. 다음에, 상태S_2에서 상태S_1, S_2로 2단계 이동하는 모습은 다음의 그림과 같다.

여기에서 알 수 있듯이,

S_2에서 S_1을 거쳐 S_1으로 이동할 확률은, $P_{21} \cdot P_{11}$

S_2에서 S_2을 거쳐 S_1으로 이동할 확률은, $P_{22} \cdot P_{21}$

이다. 따라서 S_2에서 S_1으로 2단계 이동할 확률은,

$$P_{21} \cdot P_{11} + P_{22} \cdot P_{21}$$

이다. 또한,

S_2에서 S_1을 거쳐 S_2로 이동할 확률은 $P_{21} \cdot P_{12}$

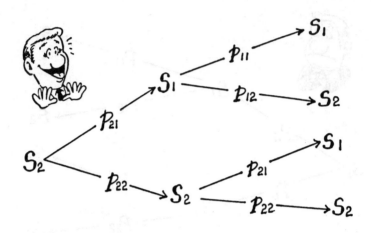

상태 S_2에서 상태S_1, S_2로 2단계 이동한다.

S_2에서 S_2를 거쳐 S_2로 이동할 확률은 $P_{22} \cdot P_{22}$
이다. 따라서, S_2에서 S_2로 2단계 이동할 확률은,

$$P_{21} \cdot P_{12} + P_{22} \cdot P_{22}$$

이다.

이상으로써 우리들은 상태S_1, S_2에서 상태S_1, S_2로 2단계 이동
할 확률의 표로써 다음의 표를 얻는다.

	s_1	s_2
s_1	$p_{11} \cdot p_{11} + p_{12} \cdot p_{21}$	$p_{11} \cdot p_{12} + p_{12} \cdot p_{22}$
s_2	$p_{21} \cdot p_{11} + p_{22} \cdot p_{21}$	$p_{21} \cdot p_{12} + p_{22} \cdot p_{22}$

그런데 이 표는 처음의 표를 행렬로 생각하고 그것을 제곱했을 때의 행렬

$$\begin{pmatrix} p_{11} & p_{12} \\ p_{21} & p_{22} \end{pmatrix} \cdot \begin{pmatrix} p_{11} & p_{12} \\ p_{21} & p_{22} \end{pmatrix} =$$

$$\begin{pmatrix} p_{11} \cdot p_{11} + p_{12} \cdot p_{21} & p_{11} \cdot p_{12} + p_{12} \cdot p_{22} \\ p_{21} \cdot p_{11} + p_{22} \cdot p_{21} & p_{21} \cdot p_{12} + p_{22} \cdot p_{22} \end{pmatrix}$$

와 같다. 마찬가지로, 상태 S_1, S_2에서 상태 S_1, S_2로 3단계 이동할 때의 행렬은,

$$\begin{pmatrix} p_{11} & p_{12} \\ p_{21} & p_{22} \end{pmatrix}^3$$

이고, 4단계로 이동할 때의 행렬은,

$$\begin{pmatrix} p_{11} & p_{12} \\ p_{21} & p_{22} \end{pmatrix}^4$$

과 같다.

마르코프 과정의 이론에서는, 이와 같이 행렬을 사용해서 의논을 진행해 가는데, 마르코프 과정의 이론으로부터 얻을 수 있는 하나의 결과를 소개해 보겠다.

문제 : 어느 시에 있어서 매년 시내의 사람 2퍼센트는 교외로 이주하고, 교외의 사람 3퍼센트는 시내로 이주한다고 한다. 지금 시내의 인구와 교외의 인구를 더한 합이 일정하다고 하면, 오랜 시간 후에는 시내의 인구와 교외의 인구 비율이 어떻게 될까?

이 문제를 마르코프 과정의 이론을 사용해서 풀면, 오랜 시간 후의 시내의 인구와 교외의 인구비는?

$$0.6과 0.4$$

라고 하는 답이 나온다. 사실, 0.6의 2퍼센트는,

$$0.6 \times 0.02 = 0.012$$

0.4의 3퍼센트는,

$$0.4 \times 0.03 = 0.012$$

로 상등하고, 이 경우 시내·교외의 인구는 어느새 일정해진다.

[질문] *1차원, 2차원, 3차원* 등, 수학에서 말하는 차원이란 어떤 의미를 가지고 있는가? 또 물리학에서 말하는 *4차원의 세계*란 어떤 세계인가?

[답]

직선상에서는 그 직선상에 측정 시작점 O, 즉 원점O을 정하고, 이 직선에 방향을 주고, 길이를 측정하는 단위를 정해 두

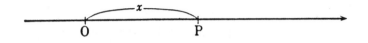

면, 이 직선상의 임의의 점 P의 위치는 원점 O에서 점 P까지의 거리에 OP가 직선 방향과 일치하면 플러스의 기호를 붙이고, OP가 직선의 방향과 반대라면 마이너스 부호를 붙인 실수 x 로 표시된다.

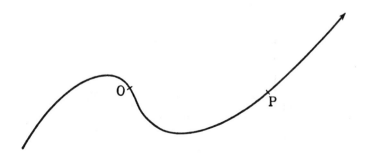

또한, 이와 같은 방법을 곡선상의 점 P의 위치에 대해서도 말할 수 있다.

이와 같이, 그 내부의 점 P의 위치가 단 하나의 실수로써 표시되는 것 같은 공간을 1차원 공간이라고 부른다. 따라서 직선도 곡선도 1차원의 공간이다.

또한 평면상에서는, 이 평면상에 점O에서 직교하는 두 개의 직선을 그어 두고, 그 각각의 직선에 방향을 주고, 길이를 측정하는 단위를 정해 두면, 이 평면상의 임의의 점 P의 위치는 P에서 이런 직선에 내린 수선의 발을 A, B라고 해서,

$$OA=x, \ OB=y$$

로 두면, 순서를 가진 두 개의 실수조 (x, y)로 표시된다.

또한, 이와 같은 방법을 지구와 같은 구면상의 점의 위치에 대해서도 말할 수 있다. 예를 들면, 동경 u과 북위 v라고 하는, 순서를 가진 실수의 한 조 (u, v)로 구면상의 점의 위치를 나타낼 수 있다.

이와 같이 그 내부의 점 P의 위치가 순서를 가진 두 개의

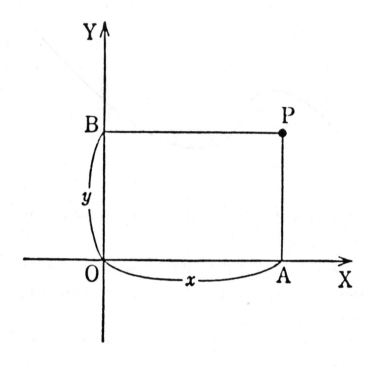

평면상의 점의 위치는 두 개의 실수조로 표시된다

실수조로 표시되는 것 같은 공간을 2차원의 공간이라고 부른
다. 따라서, 평면도, 구면도, 일반 곡면도 2차원의 공간이다.

또한, 우리들이 살고 있는 공간에서는 점O에서 교차하는 3
개의 직선 OX, OY, OZ를 그어 두고, 그 각각의 직선에 방향을
주고, 길이를 측정하는 단위를 정해 두면, 공간 내의 임의의
한 점 P의 위치는 P를 지나 평면 OYZ, OZX, OXY에 평행으로

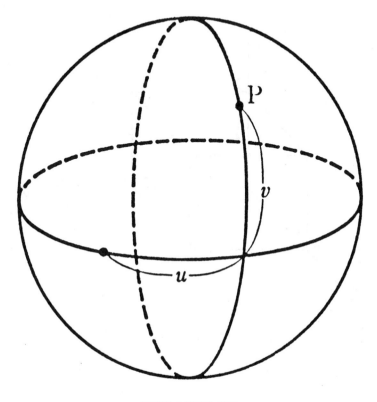

구면은 2차원의 세계

그은 평면이 각각 OX, OY, OZ와 교차하는 점을 A, B, C라고
해서,

$$OA=x, \ OB=y, \ OC=z$$

라고 두면, 순서를 가진 세 개의 실수조 (x, y, z)로 표시된다.
    이와 같이, 그 내부의 점 P의 위치가 순서를 가진 세 개의

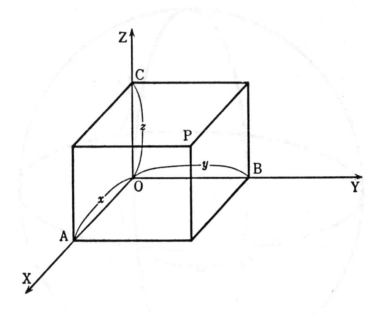

3차원의 세계

실수조로 표시되는 것 같은 공간을 3차원의 공간이라고 부른다. 따라서, 우리들이 살고 있는 공간은 기하학적으로는 3차원의 공간이다.

더욱이, 물리학에서는 공간의 점의 상태는 그 점이 존재하는 위치(x, y, z)와 그 시각 t로 표시된다. 따라서, 물리학에서는 (x, y, z)와 t를 한 조로 한 (x, y, z, t)를 생각하는 경우가 있다.

이와 같은 물리학적 상태는 순서가 붙은 4개의 실수조(x, y, z, t)로 표시되기 때문에, 이것은 4차원 공간 중의 점으로

간주되는 경우가 있다. 이런 의미에서 이것은 4차원의 세계라고
하는 것이 된다.

[질문] 상대론에서 사용된다고 하는 리만 기하학이란 어떤
기하학인가?

[답]

상대론에는 특수상대론과 일반상대론이 있는데, 특수상대론부
터 설명을 시작하자.

아인슈타인(1879~1955)은 우선 다음과 같은 두 가지 원리에
서 출발했다.

특수상대성 원리 : 모든 물리법칙은 서로 등속병진운동을 하는
모든 관성계에 대해서 동일한 형식으로 주어진다.

광속불변의 원리 : 관성계에 대한 진공 중의 빛의 속도는 광원
과 관측자의 상대운동 여부에 관계없이 모든 방향에 모든 관측
자에 대해서 동일한 값 c를 가지고 있다.

지금 두 개의 관성계 K´와 K를 생각하고, 같은 점 P의 K´에
관한 좌표를 $(x´, y´, z´)$, 시간을 $t´$, K에 관한 좌표를 (x, y, z), 시간을 t로 표시하기로 한다.

그리고 이야기를 간단하게 하기 위해서 관성계 K´와 K는
$t´=t=0$이라고 하는 시각에는 일치하고 있고, 관성계 K´는 그
축을 항상 K의 축과 평행으로 유지하면서, 관성계 K의 x축 위를
그 양의 방향으로 일정한 속도 v로 이동하고 있다고 하자.

아인슈타인은 특수상대성 원리와 광속불변의 원리로부터의 당연한 귀결로써, (x', y', z', t')와 (x, y, z, t) 사이에는,

$$x' = \frac{x - vt}{\sqrt{1 - \dfrac{v^2}{c^2}}}, \quad y' = y, \quad z' = z,$$

$$t' = \frac{-\dfrac{v}{c^2}x + t}{\sqrt{1 - \dfrac{v^2}{c^2}}}$$

라고 하는 관계가 성립하지 않으면 안된다는 사실을 발견했다.

(x, y, z, t)와 (x', y', z', t') 사이의 변환은 로렌쯔(1853~1928)변환이라 불리고 있다.

아인슈타인은 이 로렌쯔 변환식에서 출발하여, 그의 특수상대성 이론에 있어서 여러 가지의 결론을 이끌어낸 것이었다.

그런데 위의 로렌쯔 변환은, 쉽게 확인할 수 있듯이,

$$x'^2 + y'^2 + z'^2 - c^2 t'^2 = x^2 + y^2 + z^2 - c^2 t^2$$

을 만족하고 있다.

이것은 평면상에서 직교축 O−XY를 원점 O 주위로 회전해서 직교축 O−X'Y'를 얻었다고 하면, 같은 점의 O−XY에 관한 좌표를 (x, y), O−X'Y'에 관한 좌표를 (x', y')라고 하면,

$$x'^2 + y'^2 = x^2 + y^2$$

이라고 하는 사정과 매우 비슷하다.

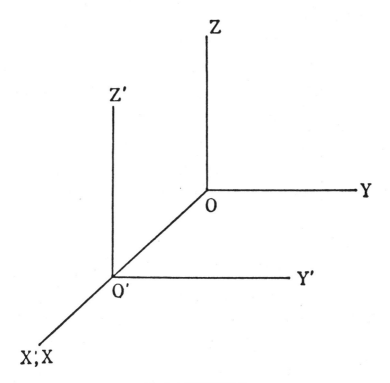

두 개의 관성계 K´와 K

그래서 민코프스키(1864~1909)는 위의 로렌쯔 변환을 원점
과 한 점 (x, y, z, t) 사이의 거리의 제곱이,

$$x^2 + y^2 + z^2 - c^2 t^2$$

으로 주어지는 것 같은 4차원 공간 중의 원점 주위의 좌표축
회전으로 간주하고, 이와 같은 4차원 공간의 기하학을 전개해

서, 그 기하학이 아인슈타인의 특수상대성이론과 일치한다는 사실을 증명했다. 즉, 아인슈타인의 특수상대성이론이라고 하는 물리학은 민코프스키에 의하여 기하학화된 셈이었다.

그런데 아인슈타인은 이상의 특수상대성이론을 확장해서 일반상대성이론을 건설했는데, 그 전에 미분기하학, 그리고 리만 기하학을 설명해 두지 않으면 안된다.

17세기에 들어와서 데카르트(1596~1650)와 페르만(1642~1727)과 라이프니쯔(1646~1716)에 의하여 미분적분학이 발견되었다. 그리고 그에 따라서 해석기하학과 미분적분학의 수법을 사용해서 일반 곡선과 곡면의 성질을 조사하는 작업이 시작되었다. 이것이 미분기하학이라고 불리는 것이다.

특히 가우스(1777~1855)는 곡면의 성질을 열심히 연구했다. 그리고 곡면의 성질 중, 곡면상의 곡선의 길이를 변화시키지 않는 것 같은 변형에 의하여 불변으로 유지되는 성질에 착안해서 연구를 진행한다고 하는 기하학을 시작했다. 이런 종류의 기하학은 곡면상의 기하학이라고 불린다.

보통의 기하학은 평면, 즉 2차원의 곡률이 없는 공간 중의 기하학이지만, 가우스가 시작한 것은 곡면, 즉 2차원의 곡률을 가진 공간의 기하학이었다.

그런데 이 2차원의 곡률을 가진 공간의 기하학은 가우스의 제자 리만(1826~1866)에 의하여 일반 n차원의 곡률을 가진 공간의 기하학으로 확장되었다. 이것이 현재 리만기하학이라 불리고 있는 기하학이다. 그리고 이 리만기하학을 연구하기 위한 수학적 무기, 절대미분학은 리치(1853~1925)와 레비 치비

타(1873~1941)에 의해 개발되었다.

그런데 아인슈타인은 그 특수상대성이론을 확장해서, 소위 일반상대성이론을 건설하기 위해서 다음과 같은 원리에서 출발했다.

일반상대성 원리 : 물리법칙은 모든 가능한 좌표계에 대해서 동일한 형식으로 표시된다.

등가원리 : 좌표계의 운동에 의해 생기는 관성력과 중력은 완전히 같은 성격의 것이다.

국소좌표계와 중력의 존재 : 시공의 일소국부에 있어서는 중력을 전부 제거한 듯한 좌표계가 존재하고, 그 좌표계에 관해서는 특수상대성이론이 성립한다. 그러나 시공 전체에서 중력의 영향이 사라져 버린 듯한 좌표계를 선택할 수는 없다. 즉, 중력장은 본질적으로 존재한다.

아인슈타인은 이런 원리로부터 출발해서 물리학의 이론을 구성하기 위해서는 시공을 하나의 리만공간으로 간주하고, 그것을 연구하는데는 소위 절대미분학이 최적임을 발견한 것이었다.

이 책을 엮고 나서

수학에 관해서 여러 가지 질문이나 감상이 편집부에 도착한다. 가라사대,

‘수학이 싫지는 않지만, 아무래도 골칫거리로…… 어떻게 하면 좋아질 수 있을까?’

‘학교에서 마이너스의 수와 마이너스의 수를 곱하면 플러스가 된다고 배웠는데, 어째서 그렇게 되는지 잘 모르겠다.’

‘삼각함수에서 나오는 tan나 sin, cos 등과 같은 기호는 누가 발명했는가.’

등등, 내용은 여러 가지다. 이런 말은 소박한 소리로 들리지만, 매우 기본적인 문제를 포함하고 있는 것 같이 생각된다. 무슨 일이나 그렇듯이, 기초를 단단히 몸에 익혀 두는 것이 상달에 이르는 지름길이라고 말할 수 있다. 그와 같은 관점에서 독자 여러분이 평소 품고 있는 수학에 관한 소박한 의문에 답할 책을 만들 수는 없을까, 라고 해서 기획된 것이 바로 이 책이다. 그리하여 독자 여러분으로부터 질문된 사항에 대한 문제를 모아 이 책을 엮는 기초 자료로 삼은 것이다.

여기에 대해 약800명의 여러분들로부터 약 2500문에 이르는 여러 가지 질문이 도착했다.

이렇게 해서 보내 주신 질문을 정리, 분류하여 그 중에서 가장 집중된 질문에 답하는 것을 원칙으로 답을 작성했다. 단, 질문

중에는 '머리말'에 쓰여있듯이, 이 책과 같은 범위에서는 답을 설명하는데 양적으로도, 질적으로도 조금 무리인 것도 있었다. 그와 같은 것은 유감이지만 피했다.

더욱이 편집에 있어서 지면 사정상 질문하신 분들의 이름을 게재할 수 없었던 점을 깊이 사죄 말씀 드린다.

이 책을 통해서 수학적인 사물의 견해나 발상이 몸에 붙어, 쉽게 수학을 배우는데 조금이라도 도움이 된다면 이 책을 만드는데 간여했던 편집실 직원 일동은 매우 기쁘게 생각한다.

공부를 잘하게 되는 책 시리즈 ④ 과학을 잘하게 되는 책!

즐거운 과학 탐구 여행

호시노 요시로오 • 지음
문　성　원 • 옮김

　과학 하면 우리는 특별한 사람들(과학자)이나 하는 학문인줄로 착각하는 경우가 많다. 그러나 과학이란 처음부터 그렇게 대단하게 생각할 수 있는 학문이 아님을 강조해 두고 싶다. 인류가 달나라에나 가고 핵무기나 개발하여 세계를 공포의 도가니 속으로 몰아넣는 일 따위만이 과학의 전부는 아닌 것이다. 집안에서 세탁기가 작동되고, 공부하기 편리하게 책상 위에 스탠드가 놓여지는 단순한 일 조차도 엄청난 과학의 힘에 의해 이루어진 것이다.

　우리의 생활 속에서 과학은 참으로 다양하게 이용되고 있다. 그리 머지 않은 과거에 연필깎이가 개발되었을 때 수많은 학생들이 갈채를 보냈지만 지금은 그것도 샤프연필의 개발로 낡은 도구에 불과하게 되었다. 이처럼 과학은 우리의 생활 속에서 크고 작은 일들에 그 영향을 미치고 있는 것이다. 말하자면 과학은 우리의 생활과 떨어질래야 떨어질 수 없는 불가분의 관계에 있는 것이다.

　우리의 삶 그 자체와 유기적인 관계에 있는 과학의 생활화와 나아가 우리 모두가 다 과학자가 되겠다는 마음가짐으로 과학을 가까이 한다면 우리의 현재와 미래는 보다 나은 방향으로 발전해 나갈 수 있지 않겠느냐 하는 점이 이 책을 기획하여 독자 여러분에게 선보이고자 하는 가장 으뜸된 이유이다.

공부를 잘하게 되는 책 시리즈 ⑤ **물리를 잘하게 되는 책!**

즐거운 물리 탐구 여행

후지이　키요시
나까고메 하찌로오 •지음
문　성　원 •옮김

　이과과목(理科科目) 중에서 가장 어려운 과목을 지목할 때, 대부분의 학생들은 '물리(物理)'를 든다. 물리는 '과학(科學)'의 대명사이다. 그런 만큼 '물리(物理)' 과목은 사실 어렵다. 물리학(物理學)의 테두리 속에서도 가장 핵심이 되는 분야는 역학(力學)이다.

　역학은 모든 과학의 기초가 되는 부문이다. 물론 역학(力學)의 발전 이전에, 기초학문으로서 '수학(數學)'이 존재하지만 발전 과학의 부문에서는 단연 역학이 그 기초를 형성하고 있다.

　인류에게 도움이 되는 학문일수록 그 연구과정은 복잡하고 어렵다. 과학 역시 '생각하는 힘'이 없이는 정복하기 어려운 학문이 아닌가 한다.

　이 책은 '물리'가 싫어지는 학생들에게 물리를 보다 쉽게 정복해갈 수 있는 비결을 가르쳐 준다. 학생의 신분이 아닌 일반 독자에게는 물리학에 있어서의 역학(力學)이 우리 인류에게 미친 영향과, 우리의 삶에 있어서 물리가 얼마만큼 필요한 학문인가를 인식시켜 주고 과학의 힘을 다시 한번 믿을 수 있게 해 준다.

즐거운 화학 탐구 여행

사키가와 노리유끼 • 지음
최   인   원 • 옮김

　화학은 이과과목이다. 이과과목은 대부분 기초학문이다. 기초학문이라 함은 쉽게 말해서 우리 인간 생활에 없어서는 안되는 학문이라는 뜻이다. 말하자면 우리의 삶의 기초가 되는 학문을 말하는 것이다.

　기초학문이 없이는 우리의 삶은 올바로 영위될 수가 없을 것이다. 인간이 동물적인 영역으로부터 벗어날 수 있었던 것도 따지고 보면 이 기초학문 덕분이 아니었을까?

　아무튼 이번에 「즐거운 화학 탐구 여행」을 기획하여 우리말로 옮기게 된 배경에는, 이처럼 중요한 기초학문을 의외로 우리들이 기피하고 있는 경향이 두드러지고 있다는 점을 간과할 수 없었기 때문이다. 대개의 기초학문은 중요한 만큼 그 학문적인 내용의 깊이도 심원하여 얼핏 생각하면 아무나 가까이 접근할 수 없는 어려운 학문으로 인식되기 쉽다.

　문제는 우리가 이러한 학문에 얼마만큼 관심을 가지고 가까이 다가가느냐 하는 것이다. 말하자면 이 학문을 얼마만큼 좋아할 수 있느냐에 따라서 학문에 대한 정복도가 달라진다.

　그러므로 화학을 마스터하고 싶거든 화학을 잘하려고 하지 말고 우선 화학을 좋아할 수 있도록 하여야 한다. 무엇이나 좋아하면 스스로 잘할 수 있게 되기 때문이다.

　이러한 점에 착안하여 이 책을 기획한 것이다.

즐거운 생물 탐구 여행

오오시마 다이로오 • 원저
엄　기　환 • 편역

　생물에 대한 관심을 인간인 우리가 갖는다고 하는 것은 지극히 당연한 일일 것이다. 이 세상의 모든 생명체가 갖는 삶의 역사를 다루는 학문이 바로 생물이라고 할 수 있다.

　살아 움직이는 이 세상의 모든 생명체를 연구한다는 것은 그리 쉬운 일만은 아니다.

　학창시절을 더듬어 보면 대부분의 학생들이 생물과목을 다른 이과 과목에 비해 그다지 싫어하지 않았던 것 같다. 그러나 생물과목을 좋아하고는 있으면서도 그 근본적인 학문의 깊이 속으로 빠져 들려고는 하지 않는 것 같다.

　그것은 생물과목이 갖는 그 나름대로의 깊이와 넓이의 중압감(부담감) 때문이 아닐까?

　아무튼 생물에 관한 한 우리 인간은 끊임없이 관심을 가져야 한다. 그럼으로써 우리의 삶을 보다 나은 방향으로 개선 시키고, 보다 인간다운 삶의 역사를 만들어갈 수 있기 때문이다.

　이 책은 그러한 의미에서 우리 모두가 생물을 좋아하고, 나아가 생물에 관한 인식을 새로이 할 수 있는 계기를 만들 수 있도록 기획되었다.

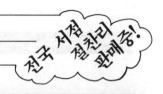

```
판 권
본 사
소 유
```

수학을 잘하게 되는 책

즐거운 수학 탐구 여행

2019년 9월 20일 인쇄
2019년 9월 30일 발행

지은이 | 야노 켄타로오
옮긴이 | 문　형　준
펴낸이 | 최　원　준

펴낸곳 | 태 을 출 판 사
서울특별시 중구 다산로38길 59(동아빌딩내)
등　록 | 1973. 1. 10(제1-10호)

©2009. TAE-EUL publishing Co.,printed in Korea
※잘못된 책은 구입하신 곳에서 교환해 드립니다.

■ 주문 및 연락처
우편번호 0 4 5 8 4
서울특별시 중구 다산로38길 59 (동아빌딩내)
전화 : (02)2237-5577　팩스 : (02)2233-6166

ISBN　978-89-493-0581-3　　03170